돈 걱정 없는 크리스천

돈 걱정 없는 크리스천

지은이 | 김의수, 데이비드 서
초판 발행 | 2017. 3. 21
12쇄 | 2025. 4. 3
등록번호 | 제1988-000080호
등록된 곳 | 서울특별시 용산구 서빙고로65길 38
발행처 | 사단법인 두란노서원
영업부 | 2078-3333   FAX | 080-749-3705
출판부 | 2078-3331

책값은 뒤표지에 있습니다.
ISBN 978-89-531-2813-2 03230

독자의 의견을 기다립니다.
tpress@duranno.com   www.duranno.com

두란노서원은 바울 사도가 3차 전도여행 때 에베소에서 성령 받은 제자들을 따로 세워 하나님의 말씀으로 양육하던 장소입니다. 사도행전 19장 8-20절의 정신에 따라 첫째 목회자를 돕는 사역과 평신도를 훈련시키는 사역, 둘째 세계선교(TIM)와 문서선교(단행본잡지) 사역, 셋째 예수문화 및 경배와 찬양 사역, 그리고 가정·상담 사역 등을 감당하고 있습니다. 1980년 12월 22일에 창립된 두란노서원은 주님 오실 때까지 이 사역들을 계속할 것입니다.

돈 걱정 없는 크리스천

김의수 | 데이비드 서 지음

CHRISTIANS FREE OF MONEY WORRIES

두란노

contnets

Part 1 저축보다
먼저 바른 재정관부터

1장 날마다 돈 걱정하는 크리스천

3장 돈과 믿음의 치열한 영적 전투

우리는 사회 속에서 살고 있다. 사회적 삶의 필수조건 중 하나는
경제 문제이다. 예수도 전도 생활을 시작하기 전에 돌로 떡을 만들어
먹어야 하는가를 고민했다. 가난과 돈은 모두의 절대적인 과제이다.
저자는 이 책에서 크리스천의 일상생활에서 경제의 바른 길은 무엇
인가를 찾아보고 있다. 그 물음을 기독교의 경제관에서 해답을 얻도
록 시도했다. 이론이 아닌 생활현실 안에서이다. 경제의 대명사인 돈
과 인생의 문제이다. 완전한 해답은 각자가 얻어야 한다. 그러나 예수
의 가르침과 기독교의 경제관은 가장 소망스러운 해답을 줄 것이다.
나는 적게 소유하고 이웃에게는 많이 베푸는 사랑의 경제관이 예수
의 가르침이라고 생각한다.

김형석 연세대학교 명예 교수, 《예수》의 저자

기업을 경영하는 크리스천은 일반 직장인보다 돈 문제에서 더 자유롭지 못하다. 그만큼 돈과 관련된 일들이 많고 그것 때문에 시험에 들기도 한다. 그러므로 돈에 대한 분명한 가치관을 갖지 않으면 사업을 하면서 돈의 유혹에 빠질 수 있다. 물질은 인간의 영성과도 관련이 있다. 재물은 그것을 가진 사람이 영적으로 감당할 수 있는 범위 내에서 축복이 된다. 자신의 영적 능력 이상으로 재물을 소유하는 것은 오히려 올무가 되고 파멸에 이르게 하는 독약이 될 수 있다. 그러므로 우리에게 주어진 물질이 누구로부터 왔는지, 그 주인은 누구인지, 왜 이런 돈이 나에게 주어졌는지를 스스로 자문하고 다짐하는 선한 청지기가 될 수 있다. 돈을 버는 것이 기술이라면 돈을 잘 쓰는 것은 예술이다. 이 책은 기독 실업인들이 재물이나 돈과 관련해 승리하는 삶을 살기 위해 꼭 읽어야 할 필독서이며 지침서이기에 강추한다.

두상달 한국CBMC 중앙회장

하나님의 제자라면 재정 훈련은 선택이 아니라 필수 과목입니다. 우리는 믿음이 충만할 때는 돈 걱정 없이 자유롭다가 믿음이 약해지면 어김없이 돈 걱정에 사로잡히게 됩니다. 이처럼 영적 상태와 깊은 관련이 있는 재정에 대해 성경적이고 건강한 방향을 보여주는 책이 나왔습니다. '돈 걱정 없는 우리 집' 시리즈로 "돈 없어도 안 죽는다"는 희망적인 메시지를 전하고 있는 김의수 저자와 돈에 관한 부부의 관점 차이로 광야를 통과한 데이비드 저자가 의기투합하여 이 책을 냈습니다. 자녀 교육, 결혼, 내집마련, 노후 등 크리스천을 자주 시험 들게 하고 넘어뜨리는 실질적인 문제를 생생한 사례로 알려 주어 쉽고 편하게 읽을 수 있습니다. 때로는 찔림으로, 때로는 감동으로 다가오는 다양한 이야기를 통해 예수님이 몸소 보여주신 재정관을 마음에 새길 수 있습니다. 결혼으로 새로운 가정을 꾸리는 신혼부부, 자녀를 키우는 중년, 노후를 대비하는 분 등 돈에서 자유롭지 못한 크리스천에게 추천합니다.

이재훈 온누리교회 담임목사

돈과 재정에 관한 기독교 저술이나 간증집을 보면서 늘 아쉽게 생각하는 것은, 그 책의 관점과 내용이 과연 성경적으로 옳은가란 의문

부호를 뗄 수 없다는 점이었다. 하지만 이 책은 그 점에서 확실히 다르다. 두 저자의 솔직한 고백적 간증은 매우 성경적이며, 건전한 신앙의 틀 안에서 고민하여 나온 결실이다. '더 많이, 더 높이'를 쉼 없이 추구하는 세상적 관점에 포로가 되지 않으면서 돈과 재정에 관한 성경적 바른 관점을 갖게 해 준다. 무엇보다 재정 문제에 관한 매우 실제적인 지침을 주고 있다. 그래서 돈에 대해 자유로우면서도 참 행복하게 살 수 있는 신앙적 길로 우리를 안내한다. 재정에 관해 읽을 만한 책이 제대로 나왔다.

정현구 서울영동교회 담임목사

개인의 영적 일기를 진솔하고 부끄럼 없이 서술한 저자에게 신앙적인 부러움을 갖게 됩니다. 맘몬과의 싸움에서 이기는 비결은 맘몬과 대적하는 것이 아니라 주님께로 더욱더 나아가 그 안에 거하는 것임을 저도 깨달았습니다. 청년들에게 부끄러운 사회를 물려줘서 늘 미안했는데, 이 책을 읽고 청년 때부터 반석 위에 집을 세우게 되길 소망합니다.

윤호영 카카오뱅크 공동대표

이길 힘을 주시는 하나님

'돈 걱정 없는 우리 집'이라는 제목으로 기업이나 관공서에서 강의를 할 때마다 사람들이 항상 궁금해 하는 것이 있다. 계속 치료비가 들어가는 장애인 딸이 있고 수십억 원의 빚을 진 파산자로서 월 80만 원의 월급으로 어떻게 살 수 있었는가 하는 것이다. 지금 다시 생각해 봐도 놀랍긴 하다. 20년 전 우리 가족의 삶은 참으로 고단했다. 어떻게 그 힘든 시기를 이겨 냈을까?

사람들은 호기심 어린 눈빛으로 답을 기다리지만, 크리스천이 아닌 그들에게 해줄 수 있는 답은 늘 궁하다. 사람들이 추측하는 것처럼 우리 부부가 인내심이 강하거나 대단한 사람이어서 이겨 낸 것이 아니기 때문이다. 하나님을 모르는 그들에게 가난 속에서도 80만 원으로 행복하게 살아 낸 그 놀라운 비밀을 어떻게 설명할 수 있을까. 하지만 크리스천이라면 쉽게 이해시킬 수 있다. 하나님이 우리에게 이길 힘을 주셨다고 하면 체험적으로 충분히 알아들을 수 있기 때문이다.

단칸방에서 가난과 싸워야 했던 그 시기에 놀랍게도 우리 가정 안에는 하나님의 은혜가 날마다 흘러넘쳤다. 남들이 이해할 수 없는 작은 행복들로 가득했다. 나의 심령은 몹시 갈급했기에 매일 말씀을 사모했고, 그로 인해 하나님과의 관계 회복과 진정한 영적 회복이 일어났다. 오랜 가난은 우리 가족을 힘들게 했지만 우리를 불행으로 밀어내진 못했다. 또한 주님이 부어 주시는 은혜와 평안을 빼앗지 못했다.

그제야 나는 알게 되었다. 세상이 끊임없이 주입하는 '돈이면 무엇이든 할 수 있고 돈이 없으면 행복할 수 없다'는 메시지가 거짓이라는 사실을. 대체 이 메시지가 어디서부터 흘러왔는지 알 수는 없지만, 그것이 맘몬을 섬기도록 유혹하는 거짓된 사탄의 계략이라는 것은 확신할 수 있다.

'돈 걱정 없는 우리 집' 시리즈로 지난 8년간 6권의 책을 냈다. 비기독교인과 기독교인 모두가 독자인 일반 서적으로 책을 내다 보니 크리스천들의 돈 걱정 없는 삶에 대해 깊이 있게 나누지 못했다. 그것이 늘 아쉽던 차에 이번에 《돈 걱정 없는 크리스천》을 통해 15년간 현장에서 만났던 수많은 크리스천들의 믿음의 씨름에 대해서 나누게 됐다. 크리스천들이 무엇 때문에 넘어지고, 어떻게 일어서는지 그 과정을 나눔으로써 하나님의 은혜를 경험할 수 있으리라 믿는다.

이 책은 돈 걱정을 없애 주는 재테크 책도, 자기계발서도 아니다. 만물의 주인인 하나님의 백성인 우리가 왜 날마다 돈 걱정을 하며 사는지, 돈을 어떻게 지혜롭게 다뤄야 하는지에 대해 알려 주는 재정적 세계관에 관한 책이다.

1부 1장에서는, 교회와 성도들이 돈에 대해서 어떤 태도를 갖고 있는지를 이야기해 보았다. 대한민국의 경제성장과 함께 한국 교회가 성장하면서 어느덧 교회 공동체 깊숙이 들어온 번영신학과 기복신앙에 대해서도 살펴보았다. 수단과 방법을 가리지 않고 성공해서 높은 자리에 오르면 하나님의 영광이 드러나고 선한 영향력을 끼칠 수 있다는 '총리가 된 요셉'의 성공 신화가 어떻게 한국 교회의 우상이 되었는지를 살펴볼 것이다. 그리고 우리가 하나님께 드리는 헌금에 대해서도 말해 보려 한다.

또 주님 안에서 하나 된 것 같지만 돈에 대해선 도저히 하나가 될 수 없었던 '성경적인 남편과 세속적인 아내'의 부부 이야기를 통해 돈 때문에 가려진 깊은 신앙의 본질을 볼 수 있으리라 본다.

2장에서는 하나님의 아름다운 가정을 꿈꾸며 결혼해서 하나님의 백성으로 이 땅을 살아가지만, 2년마다 오르는 전셋값 앞에서 고민하는 크리스천의 고충을 담았다. 큰 빚을 내서라도 내 집을 마련해야 하는 건지, 아니면 현실에 자족하며 살아야 하는 건지 매번 닥치는 문제 앞에서 날마다 돈 걱정하는 우리의 모습이 낯설지 않을 것이다. 2장 마지막 부분에서는 번영신학으로 물든 교회 공동체가 어떻게 재정을 나누고 사용해야 하는지 그 대안을 제시한다.

2부에서는 돈에 지지 않고 이기는 삶에 대해서 나누었다. 세상의 맘몬 신을 좇지 않고 하나님을 따르는 크리스천들에게는 믿음으로 싸워야 할 영역들이 많다. 그중에서도 대한민국 크리스천의 가장 치열한 영적 전투는 자녀양육 현장에서 벌어지고 있다. 가장 실패가 많은 영역이기도 하다. 내가 지금 돈 걱정하고 살아가기 때문에 내 자녀들만큼은 돈 걱정에서 해방시켜 줘야 한다는 신념으로 크리스천 부모들은 자녀 교육에 목숨을 걸고 인생을 건다. 정작 아이들은 행복하지 않는데 하나님께 자녀를 맡기지 않고 세상의 방법에 아이들을 맡긴다.

치열한 영적 전투는 자녀들의 결혼, 내집마련, 노후 등에서도 나타난다. 하나님의 백성들은 이 영적 전투에서 어떻게 무너지는가? 또 어떻게 살아남고 승리하는가? 각 장의 사례들을 읽다 보면 자연스럽게 자신의 모습과 속마음을 볼 수 있을 것이다. 혼자만 간직했던 부끄러운 마음이 들켜 주님께 미안하고 창피할 수도 있겠다. 하지만 맘몬과 주님을 함께 섬겼던 우리의 모습을 정직하게 인식하는 것은 하나님의 축복이다. 그때부터 진정한 회개와 함께 진리의 하나님을 사랑할 수 있게 되기 때문이다.

솔로몬은 하나님을 사랑하지 않은 게 아니다. 누구보다도 열심히 하나님을 사랑하고 섬겼지만 시간이 흐르면서 하나님보다 세상을 더 사랑했다. 이것이 우상이다. 각 장마다 우리가 부지불식간에 섬기는 우상을 보여 주고 여러 사례를 통해 이를 어떻게 바로잡아야 하는지도 친절하게 안내했다. 자녀, 내집마련, 노후 등의 모든 영역을 하나님의 시각으로 바라보며 위탁하게 되면 돈 걱정 없는 크리스천의 삶은 저절로 가능해진다.

2부 마지막에서는 주님을 의지하면서 시작할 수 있는 재무 관리의 실천 방안이 제시되어 있다. 먼저 하나님이 내 삶의 주인임을 선포하고 성령님을 의지하면서 이 실천 방안을 따라간다면 분명히 돈으로부터 자유로운 삶을 살 수 있으리라고 믿는다. 더 좋은 차, 더 넓은 집이 아니어도 주님이 주시는 일용할 양식 안에서 감사하는 삶이 충분히 가능하다.

이 책을 준비하면서 하나님은 내게 많은 것을 깨닫게 하셨다. 하나님께서는 파산자였던 나를 지금의 억대 연봉의 재무상담사로 세워 주셨다. 이 기적 같은 변화를 경험하고도 나도 모르게 안주해서 우상을 섬기고 있는 나 자신을 발견했다. 재정 관련 책을 내고 재정 강의를 통해 돈 걱정 없는 삶을 이야기했지만, 정작 나는 더 많은 소득으로 인해 점점 주님과 멀어져 가고 있었던 것이다. 원고 미팅을 위해 깊은 나눔을 하면서 주님은 부끄러운 나 자신을 보게 하셨다. 그리고 다른 사람이 아닌 바로 내가 '돈 걱정하는 크리스천'이었음을 깨닫게 하셨다.

부요하지 않지만 말씀이 있는 공동체를 허락하신 주님께 감사한다. 책을 쓰면서 더욱 절실히 느낄 수 있었다. '주기쁨 공동체' 지체들과 함께 말씀을 듣고 예배드리고 생활했기에 내가 돈 걱정 없는 크리스천의 삶을 누릴 수 있었음을. 또 지난 9년 동안 책을 낼 때마다 큰 도움을 준 기획자와 이 책 작업에 함께해 준 작가에게 고마운 마음을 전한다.

무엇보다 결혼생활 20년 동안 힘든 고난 속에서도 묵묵히 말씀과 기도로 가정을 지켜준 아내에게 고맙다. 고난이 가장 큰 축복인 것을 알려 주고 2년 전 주님께 먼저 간 큰딸 희은이에게 감사한다. 천국에서 온전히 아름답고 영광된 몸으로 다시 만날 것을 소망한다. 그리고 아직 내 품 안에 있는 둘째 딸 민수와 늦둥이 민하가 내가 만나고 누렸던 풍성한 하나님의 은혜에 동참하길 소망한다.

2017년 3월

김의수

신앙관이 올바르면 재정 관리도 잘 된다

요즘 우리나라뿐만 아니라 온 세계가 몹시 혼란스럽다. 어제의 진실이 오늘의 거짓으로 드러나고, 나의 이익을 위해서라면 어떤 거짓이라도 받아들이고 이용하는 이 혼란의 시대를 크리스천은 어떻게 살아가야 할까. 이 혼란을 깊이 들여다보면 그 속에는 나만 잘되면 그만이라는 이기심과 돈의 우상이 자리 잡고 있음을 알 수 있다. 예수 그리스도의 참 사랑과 진리와는 거리가 먼 것들이다. 맘몬이 득세하는 이 혼란의 시대에 과연 나는 크리스천으로서 순전한 믿음을 지켜 낼 수 있을까. 다음 세대인 나의 자녀들에게는 신앙의 유산으로 무엇을 물려줄 수 있을까.

나는 미국 코넬대학을 졸업한 후 미국 일류 기업에서 10여 년간 일하며 사회적으로 인정도 받았다. 신앙적으로도 3대째 기독교 집안에서 태어나 중고등부 회장을 맡는 등 교회 생활도 열심히 해서 신실한 크리스천이라 인정받았다. 한마디로 세상적 스펙과 신앙적 스펙을 고루 갖춘 삶이었다. 나는 스스로 크리스천으로서 모범적이고 올바른 삶을 살았다고 믿었다. 하지만 그것은 착각이었다. 나는 하나님께서 나를 낮추시는 여러 가지 고난의 사건들을 통해서 뒤늦게 나의 신앙이 모래 위에 지은 집이었음을 깨달았다.

어렸을 때부터 교회에서 설교를 듣고 성경 공부 등으로 양육받은 나의 신앙에는 많은 거짓 이물질들이 끼어 있었다. 바로 기복신앙과 번영신앙이라는 뿌리 깊은 누룩이었다. 이런 누룩이 나로 하여금 말씀 안에서 올바로 서지 못하게 만들었음을 뒤늦게 깨닫고 몹시 놀랍고 허탈했다. 밥에 모래알 몇 개만 들어가도 이미 그 밥은 먹을 수 없는 밥이다. 그동안 쌓아 온 나의 신앙 역시 주님 앞에 내세울게 하나 없는 먼지와도 같은 것임을 고백하지 않을 수 없다.

이 책은 크리스천의 돈 관리에 대한 책이다. 하지만 더 정확하게 표현한다면 크리스천이 돈과 어떻게 관계를 맺고 하나님과는 어떻게 관계를 맺고 살아가야 하는지를 제시하고자 쓴 책이다. 하지만 딱딱한 신학 서적처럼 풀어내고 싶지는 않았다. 사실 신학을 전문적으로 공부한 사람이 아닌 나로서는 그렇게 풀 만한 능력도 없다. 그렇다 보니 학문적인 접근보다는 내가 직간접으로 경험한 사례들을 담은 실용 서적이 됐다. 독자들 중 어느 분은 간증집이 아닌가 하고 오해할 수도 있겠지만, 남의 이야기를 부담 없이 읽다 보면 크리스천의 돈 관리법을 자연스럽게 습득할 수 있을 것이라 믿는다.

크리스천으로서 돈을 이기는 삶이란, 결국 세상과 영적 전투를 벌이는 삶이다. 그것은 곧 예수 그리스도께서 십자가를 지신 것처럼 자기 부인의 고통이 따르는 싸움이다. 돈을 많이 갖고 싶어 하는 욕망 뒤에는 세상에서 자신을 세우고 싶은 욕심이 숨어 있다. 하나님이 주시는 것에 만족하지 않고 더 많은 것을 구하는 것은 자신을 하나님보다 위에 두고자 하는 교만과도 통한다. 그러므로 크리스천이 돈을 관리할 때 돈을 어떻게 아끼고 저축할 것인가에 앞서 돈에 대한 바른 가치관과 신앙관을 정립하는 것이 더 중요하다.

뼈대가 바로 서면 나머지는 저절로 맞춰진다. 올바른 신앙관이 정립되면 그에 맞게 재정 관리도 저절로 이뤄진다. 확신컨대 하나님은 절대로 우리 크리스천이 돈의 노예가 되어 세상을 살기를 원하지 않으신다. 하나님은 그보다 더 풍성한 것으로 우리를 채워 주길 원하신다. 하나님이 주시는 풍성함으로 사는 삶이란 과연 어떤 삶일까? 나는 이 책을 통해 독자들이 성공을 향해 달려가는 세상의 빠른 흐름에서 벗어나 조용히 자신의 내면을 살펴보며 주님이 인도하는 삶을 찾기를 소망한다. 이 책을 통해 자신의 신앙을 점검하는 시간을 갖기를 원한다. 이제라도 참 목자의 소리를 알아듣고 벼랑으로 향하던 발길을 돌이킨다면 그보다 더 큰 축복은 없을 것이다.

이 책에는 우리 부부의 사생활 이야기가 많다. 사실 나는 한국에 처음 와서 전화 통화를 할 때 상대방이 "지금 어디세요?" 하고 물으면 '왜 내 사생활을 궁금해 하지?' 하는 의문이 생길 만큼 미국적인 사고방식을 가진 사람이었다. 그러니 우리 부부의 사생활 노출은 나로서도 부담스러운 일이다. 특히 아내는 몇 년 전까지만 해도 자신의 사생활 공개를 극도로 싫어했다.

그런 아내가 이 책에서는 나보다 더 적극적으로 자신의 이야기를 털어놓았고 독자들에게 공개되는 것에 개의치 않았다. 아내는 자신이 하나님보다 돈을 더 사랑했던 사람이었음을 인정하며, 자신의 부끄러운 고백을 통해서 자신이 빠졌던 함정에 더 이상 다른 크리스천들이 빠지지 않길 원했다. 하나님이 베풀어 주신 은혜요 기적이라고밖에 설명할 길이 없다.

우리 부부를 진리의 말씀으로 인도해 주신 새생활교회 김용덕 목사님께 깊이 감사드린다. 이 책을 만드는 과정에 함께해 준 편집 팀원들에게 감사한다. 책 작업을 하면서 속 깊은 나눔의 시간을 가질 수 있어서 행복했고, 그 시간이 나에게는 은혜와 배움의 과정이었다. 나의 믿음을 진리의 복음 안에서 재점검하는 시간이 되었기 때문이다. 그러므로 이 책의 작업에서 가장 큰 수혜자는 바로 우리 부부였음을 고백한다. 나에게 큰사랑과 함께 믿음의 유산을 물려주신 부모님께 깊이 감사드린다. 그리고 다음 세대인 나의 딸 애리(Celina Suh)와 아들 명식(Matthew Daniel Suh) 그리고 하경에게 나의 사랑하는 마음과 함께 이 책을 믿음의 유산처럼 전해 주고 싶다.

마지막으로 이 책을 통해 독자들이 지금 무엇에 속고 있는지 정확하게 알고, 세상의 허상을 좇던 걸음을 멈추고 다시 하나님 나라로 돌아서는 축복의 시간을 누리기를 바란다. 주님이 부어 주시는 은혜 가운데 돈 걱정에서 자유로워지기를 진심으로 소망한다.

2017년 3월
데이비드 서

CHRISTIANS
FREE OF
MONEY WORRIES

Part
1

저축보다 먼저
바른
재정관부터

1장

날마다 돈 걱정하는
크리스천

1 부자는 축복,
  가난하면 저주?!

박 장로가 교회를 떠난 이유

박형규 장로(가명, 57세)는 얼마 전에 30년 동안 다니던 교회를 나왔다. 교회에서 장로 직분 외에도 학생부 교장, 남선교회 회장, 성가대 부장 등 여러 가지 중요한 직분을 맡아서 일주일이 모자랄 만큼 열심히 섬기던 박 장로였기에 그가 교회에서 나오게 된 사건은 주변 사람들에게 큰 충격이었다.

박 장로와 친하게 지내던 지인이 뒤늦게 이 사실을 알고 물었다.

"장로님, 왜 갑자기 교회에서 나오시게 된 겁니까? 혹시 교회에서 목사님과 장로님들 간에 이권 다툼이라도 생겼나요?"

"아뇨. 그런 일은 없습니다."

"그럼 교회에서 누가 장로님을 괴롭혔나요?"

"그런 게 아니라니깐요. 목사님이나 교인들은 모두 좋은 분들입니다. 저희 부부에게 친절하게 대해 주지요. 목사님 말씀도 아주 은혜스럽고요."

"그런데 왜 교회에서 나오신 거죠? 이해가 안 되네요?"

"참, 뭐라고 말씀드려야 할지 모르겠네요….."

그는 곤혹스런 표정으로 한참 말을 잇지 못했다.

"다 제가 많이 부족해서 생긴 일입니다. 그 돈이 뭔지….."

그가 나오게 된 진짜 이유는 놀랍게도 돈이 없어서였다.

여러 해 전까지만 해도 그는 성공한 사업가로서 부를 누리며 살았다. 교회 사람들은 그가 하나님의 축복을 받아 부자가 됐다며 부러워했다. 하지만 그는 어쩌다 투자를 잘못하는 바람에 큰 경제적 손실을 입게 됐고 사업이 점점 기울었다. 재정 상태가 더 어려워지면서 그는 살던 집까지 팔고 작은 빌라로 이사할 수밖에 없었다.

교인들은 그가 기도를 게을리 했거나 헌금을 제대로 하지 않아서 하나님이 책망하신 거라고 수군거렸다. 당장 생활비 걱정을 해야 할 형편으로 떨어진 그는 맡고 있던 교회의 직분을 모두 내려놓길 원했다. 그 직분들을 계속 감당하려면 돈이 필요했기 때문이다. 때에 따라 전체 팀원들의 식사 대접을 해야 했고, 큰일이 있으면 묵직한 후원금도 내놓아야 했지만 박 장로는 할 수가 없었다.

그는 용기를 내 목사님을 찾아뵙고 속사정을 털어놓으며 직분을 내려놓고 싶다는 뜻을 전했다. 하지만 목사님은 받아들이지 않았다. 어렵더라도 하나님께 순종하는 마음으로 계속 맡아 달라고 강권했다. 목사님의 설득에 못 이겨 그는 할 수 없이 직분을 그대로 감당할 수밖에 없었다. 그렇게 1년 동안 그는 심적으로 매우 고통스런 시간을 보내야 했다. 교회에서는 계속 돈이 필요한 상황이 생겼고, 그는 세상에서보다 교회에서 더 돈에 대한 압박감을 느꼈다.

책임감이 강한 박 장로로서는 견디기 힘든 고통이었다. 교회는 더 이상 그에게 영적 안식처가 아니었다. 막다른 지점에 이르렀다고 생각했을 때 그가 선택한 것은 결국 교회를 떠나는 것이었다.

일반적으로 교회 안에서 성공한 부자는 하나님의 축복을 많이 받은 사람으로 간주되어 부러움의 대상이 된다. 하지만 가난하거나 실패한 교인은 신앙적으로 잘못되어 연단을 받고 있다고 추측한다. 과연 그럴까? 그렇다면 구약에 나오는 요셉과 다니엘 같은 인물은 하나님의 큰 축복을 받은 사람들이고, 베드로나 바울같이 평생 가난하게 말씀만 전하다가 죽어 간 사도들은 하나님의 저주를 받은 것일까.

헌금을 통한 베팅

김순희 권사(가명, 60세)는 남편이 퇴직한 이후 불안정한 미래 때문에 걱정에 휩싸였다. 사무직으로 있다가 퇴직한 남편은 특별한 기술이 없어서 지인과 함께 새로운 사업을 구상 중이었다. 김 권사는 이런 때일수록 하나님께 믿음을 보여야 한다고 생각했다. 엘리야를 만난 사르밧 과부처럼 마지막 남은 것을 드릴 수 있는 용기를 내야 한다고 믿었다.

김 권사는 남편 몰래 퇴직금 중에서 거액을 교회 건축헌금으로 드렸다. 뒤늦게 이 사실을 안 남편은 몹시 화를 냈다. 그러잖아도 자금이 모자란 판에 아내가 헌금한 액수만큼 대출을 더 얻어야 했기 때문이다. 하지만 김 권사는 아랑곳하지 않았다. 하나님이 더 큰 금액으로 돌려주실 것을 확신했기 때문이다.

김 권사는 어려운 때일수록 더 담대하게 헌금을 해야 하나님께 상달된다며 남편의 믿음 없음을 힐책했다. 그리고 남편의 물질 정욕을 용서해 달라고 기도했다. 혹시라도 남편의 불충한 태도 때문에 하나님께서 주시려고 한 복을 거두실까 봐 염려가 됐다. 결국 남편은 어렵게 다시 자금을 마련해서 사업을 시작했다.

"걱정하지 말고 믿음을 갖고 기다리세요. 하나님께서 당신 뒤에서 밀어 주실 거예요. 하나님은 쩨쩨하신 분이 아니란 걸 당신이 곧 보게 될 거예요. 지난번 내가 드린 금액의 30배, 60배, 100배로 돌려주실 거라니까요. 두고 봐요."

김 권사는 확신에 차서 믿음으로 선포했지만 남편의 사업은 뜻대로 되지 않았다. 얼마 가지 않아서 남편은 폐업해야 하는 처지가 됐다. 동업한 지인으로부터 사기를 당한 것이다. 결국 김 권사 부부는 나이 들어 빚더미에 올라앉게 됐다. 할 수 없이 살던 아파트까지 팔아서 월세를 전전하는 김 권사는 신앙적 좌절감에 빠져 힘든 시간을 보내고 있다. 건축헌금을 낸 일로 인해 남편과의 사이도 나빠져서 황혼이혼까지 고려하고 있다.

십일조를 할 때 사람들은 말라기 3장 10절의 말씀을 떠올리며 은연중에 기대한다. "내가 하늘 문을 열고 너희에게 복을 쌓을 곳이 없도록 붓지 아니하나 보라" 하신 말씀에 모든 갈등을 한 쾌에 날려 버리고 베팅을 한다. 그러고는 교회에서 십일조를 가장 많이 낼 수 있도록 해 달라고 기도한다. 곧 더 많은 돈을 벌 수 있게 해 달라는 욕심을 포장하는 것이다. 헌금이나 구제를 할 때 그 목적이 30배, 60배, 100배로 돌려받기 위해서라면 하나님을 상대로 재테크하는 것이나 마찬가지다.

헌금은 돈을 지출하는 행동이므로 크리스천의 재정과 밀접한 관련이 있다. 자신의 형편을 고려하지 않고 무리하게 헌금하고 싶을 때 그 내면을 면밀히 살펴볼 필요가 있다. 혹시 자신도 의식하지 못한 헛된 믿음이나 욕심은 없는지 점검해 봐야 한다. 무리하게 헌금하면 하나님께서 다른 좋은 것으로 보상해 주실 거라는 기대가 있는지 살펴보아야 한다.

헌금은 하나님이 이미 주신 것에 대해 감사한 마음으로 드리는 것이 가장 좋다. 사실 헌금은 얼마를 드리느냐보다 어떤 마음으로 하느냐가 훨씬 더 중요하기 때문이다. 헌금은 하나님께 돈을 드리는 행위가 아니라 내가 소중하게 여기는 물질의 소유권을 주님께 올려 드리는 행위다. 우리는 성경에 나오는 아나니아와 삽비라 부부를 기억할 필요가 있다. 그들은 전 재산을 다 팔아서 헌금했지만, 헛된 욕심을 부리고 정직하게 고하지 않아서 죽음을 면치 못했다. 하나님께서는 제단에 바치는 물질이 아니라 우리의 중심을 보신다는 것을 알 수 있는 사례다.

헌금은 과연 축복 티켓인가?

교회를 오랫동안 다니다 보면 십일조나 감사헌금 이외에 돈이 더 필요한 경우가 생긴다. 장로나 권사, 안수집사 취임 때 등이다.

그때는 정해진 금액이나 특정한 물품을 헌납하는 것이 관례처럼 되어 있다. 직분이 올라갈수록 액수는 더 올라간다. 권사 취임 때는 천만 원, 장로 취임 때는 1억 원씩 헌금하는 교회도 있다. 만약 취임 때 형편상 정해진 금액보다 적게 내면 자신도 모르게 주눅이 든다. 더 많이 낸 사람은 어깨에 힘이 들어가면서 주위의 인정과 명예가 따라붙는다. 세상에서 흔히 보듯, 마치 돈으로 자리를 사는 듯한 모양새가 만들어지는 것이다.

물론 부유한 성도가 장로 직분을 받아서 자원하는 마음으로 자신의 재정이 허락하는 범위 내에서 큰 금액을 헌금한다면 그것은 귀하고 아름다운 일일 수 있겠다. 하지만 남에게 인정받고 싶은 욕심이나 체면 때문에 어쩔 수 없이 하게 된다면 그것은 주님을 향한 바른 신앙인의 자세가 아닐 것이다.

사람에게 보이려고 그들 앞에서 너희 의를 행하지 않도록 주의
하라 그리하지 아니하면 하늘에 계신 너희 아버지께 상을 받지
못하느니라 마 6:1

교회 입당식 때 드리는 헌금도 마찬가지다. 나(데이비드 서)는 예전에 이사한 후 집 근처에 있는 교회에 간 적이 있다. 마침 그 교회가 서울에 있는 대형 교회의 지교회로서 새로 건축해 입당 예배를 드린 지 얼마 되지 않은 때였다. 이름을 대면 알 만한 유명한 목사님이 그날 특별히 설교를 했다. 설교 후 광고 시간에 목사님은 교

회에 필요한 물품을 이야기하더니 그 자리에서 천만 원을 헌금할 수 있는 사람은 손을 들라고 했다.

갑자기 교회는 쥐 죽은 듯 고요해졌다. 아무도 손을 드는 사람이 없자 목사님은 이런 헌금이야말로 하나님께서 기쁘게 받으신다면서 약정 헌금이라도 좋으니 담대하게 나서라고 했다. 그래도 아무도 나서는 사람이 없자 실망한 듯 서울의 본교회에 가면 이 정도 헌금은 금방 임자가 나타난다고 말했다. 이런 좋은 기회가 많지 않고, 이 기회가 바로 축복의 통로이기 때문이라고 했다.

나는 그 모습을 지켜보면서 몹시 실망스러웠다. 천만 원을 10만 원 정도로 여기는 그분의 경제 관념도 놀라웠지만, 헌금을 축복 티켓처럼 발행하는 그 왜곡된 교회 문화가 몹시 염려스러웠다. 이런 분위기 속에서 돈이 없는 교인들은 자신도 모르게 위축되고 자괴감이 든다. 세상을 견디느라 힘들고 지친 영혼들이 위로를 구하며 돈이 아닌 하나님을 바라보기 위해 찾아온 교회에서 도리어 상처를 입는 것이다. 그리고 많은 교인들이 돈이 곧 축복이라는 왜곡된 가치관을 갖게 된다. 액수로 믿음의 분량을 측정하는 분위기는 비단 그 교회만의 일이 아닐 것이다. 성도 수를 패키지처럼 붙여서 교회 건물을 사고파는 한국 교회의 현실 속에서, 많은 크리스천들이 돈이 만든 교회의 병폐에 문제의식을 갖고 있는 걸 보면 말이다.

내 친구 중 한 명은 장로 임직을 앞두고 교회에서 축출되는 수모를 겪었다. 이유는 돈 때문이었다. 그 교회를 떠난 원로 목사님이 담임 목사로 있을 때 사 놓은 땅이 있었다. 나중에 팔리면 가난한 이웃들을 위해 쓰기로 교인들과 약속한 땅이었다. 세월이 흘러 그 땅이 팔렸고 큰돈이 생겼는데, 정작 교인들은 그 돈을 원래 목적대로 쓰고 싶어 하지 않았다. 게다가 그때는 없었던 새로운 교인들이 그 돈을 교회 이익이 아닌 공익을 위해 쓰는 것에 격렬하게 반대했다.

친구는 이 상황에서 원로 목사님의 뜻을 받들어 이웃을 위해 써야 한다고 주장하다가 결국 왕따를 당하게 되었다. 20년 넘게 다니던 교회에서 어제까지만 해도 정답게 대화를 나누던 교인들이 하루아침에 차가운 시선으로 그를 바라보았다. 어떤 수모를 겪더라도 견디려고 했지만 교인들은 노골적으로 그 친구에게 왜 교회를 떠나지 않느냐고 따졌다. 그 친구는 배신감과 허탈감으로 매일 새벽예배에서 울며 주님께 매달려 기도했다.

하지만 교인들의 태도는 변하지 않았다. 결국 그 친구는 아내가 극심한 우울증으로 괴로워하는 모습을 보고 교회를 떠나게 됐다. 교회를 떠난 그 친구의 한마디가 지금도 또렷하게 기억에 남는다. "세상과 싸우는 것보다 교회 사람들과 싸우는 게 훨씬 더 고통스럽다."

성부가 되고 싶은 진짜 마음

최근 많은 크리스천들에게 성부(聖富)에 대한 관심이 뜨겁게 일어나는 것을 본다. 그들은 성부가 되기 위해 꾸준한 노력을 기울인다. 재물에 대한 올바른 믿음을 갖고 헌금하면 주님께서 재물의 주인이 되도록 인도하신다는 내용으로 훈련을 받는다. 아무리 봐도

틀린 말은 없다. 그런데 우리가 유의해야 할 사항이 있다. 우리 내면의 진짜 관심사가 하나님이냐, 재물이냐 하는 것이다.

아무리 미화한다고 해도 돈은 이 세상에 속한 물질이다. 물론 우리가 살아가기 위해서는 기본적인 돈이 꼭 필요하다. 그것마저 외면하시는 하나님이 아니다. 하나님은 분명히 우리의 필요를 아시고 채워 주신다고 약속하셨다.

중요한 것은, 우리가 부자가 되고 싶은 마음으로 헌금을 하는 건 아닌지, 하나님의 이름을 팔아 자신의 부를 축적하고 이를 자랑하고 싶은 건 아닌지 돌아봐야 한다는 점이다. 가난한 이웃을 더 많이 돕고, 주님의 복음을 전하는 데 큰 헌금을 하기 위해 성부가 되고 싶다는 것은 교묘한 욕심을 가장한 명분일 수 있다. 남에게 충분히 베풀고도 남을 만큼 부자로 살고 싶은 욕망의 다른 이름일 수 있다. 그럼 부자로 사는 것이 무조건 나쁜가? 그렇지 않다. 깨끗한 부자도 충분히 있을 수 있다. 하지만 우리의 본질은 영에 있다. 성부라도, 우리가 입었다 벗을 수 있는 옷일 따름이다.

우리 크리스천의 관심은 오로지 세상이 아닌 하나님 나라에 있어야 한다. 헌금을 많이 해서 '나는 하늘 창고에 재물을 잔뜩 쌓아 놓았다'고 자부한다 하더라도 정작 그의 영이 거듭나지 않았다면 예수님은 그날에 "내가 너희를 도무지 알지 못하니 불법을 행하는 자들아 내게서 떠나가라"(마 7:23)고 말씀하실 것이다.

헌금을 많이 한 자보다 예수님의 길을 따라가며 그의 은혜로 살아간 자가 더 큰 상을 받을 것이다. 사실 구원은 우리가 어떤 노력을 기울여서 얻을 수 있는 것이 아니다. 하나님께서 강권적으로 우리에게 부어 주시는 은혜이기 때문이다. 우리는 헌금을 많이 해서, 선한 행위를 많이 해서 천국에 가지 않는다. 오로지 예수 그리스도의 피 값으로 구원을 얻는다.

> 너희는 그 은혜에 의하여 믿음으로 말미암아 구원을 받았으니 이것은 너희에게서 난 것이 아니요 하나님의 선물이라 행위에서 난 것이 아니니 이는 누구든지 자랑하지 못하게 함이라
>
> 엡 2:8-9

예수님은 우리에게 부자 되는 법을 가르치신 적이 한 번도 없다. 오직 자기를 부인하고 십자가를 지는 길만을 알려 주셨다. 이 세상에서 죽는 것이 곧 아버지 나라에서 사는 것이다. 이 세상에서 죽는 것이 무엇인가? 바울이 그런 것처럼 매일 고개를 들고 나를 드러내고자 하는 욕망을 쳐서 죽이고 또 죽이는 것이 이 세상에서 죽는 것이다.

예수님은 내게 모든 것을 버리고 당신을 따르라고 하시는데 나는 여전히 어떻게 하면 부자가 될 수 있을까 고민하며 하나님께 어떻게든 잘 보여서 돈을 얻어 내려 한다면 예수님을 따르지 못한 부자 청년과 무엇이 다를까. 바리새인들도 행위로는 조금도 손색이 없을 만큼 목숨을 걸고 율법을 배우고 지켰다. 이런 바리새인들을 예수님은 '독사의 자식'이라 칭할 만큼 인정하지 않으셨다. 그들의

경건한 행위 뒤에 숨은 의도를 보셨기 때문이다.

성경에서 하나님은 우리의 중심을 원한다고 말씀하신다. 중심이란 주님을 향한 순전한 마음, 주님 한 분이면 충분하다는 고백이다. 헌금을 했다고 주님으로부터 무언가를 돌려받기 원한다면 이미 그의 마음에는 이물질이 낀 것이다. 사람과의 관계에서도 누군가가 더 좋은 것으로 돌려받을 속셈으로 내게 선물을 하거나 친절을 베푼다면 도리어 부담을 느끼고 피하고 싶어진다. 우리가 하나님께 드린 모든 정성은 이미 받은 은혜에 감사하는 마음에서 비롯되어야 한다. 나를 구원하기 위해 십자가에서 피 흘려 죽으신 예수님의 은혜는, 실은 어떤 부자라도 전 재산을 다 바쳐 갚을 수 없을 만큼 크다.

우리가 착각하는 점이 하나 있다. 내가 성공하는 것으로 하나님께 영광을 올려 드린다는 믿음이 바로 그것이다. 하나님이 진정으로 원하시는 일은 어떤 사역이나 전도나 사람들이 우러러볼 만큼 위대한 일이 아니다. 바로 나를 원하신다. 내가 영으로 주님께 예배하길 원하신다. 나의 일, 비전을 좇다가 정작 하나님을 놓쳐 버리면 모든 것은 헛수고가 되고 만다. 하나님은 내가 현실에 자족하며 그분과 동행하는 작은 예배자로 살기를 원하신다.

번영과 기복신앙이 장악한 교회

내(데이비드 서)가 미국에서 살았을 때 유명한 미국인 목사의 집회를 TV방송을 통해 본 적이 있다. 수만 명이 참석한 그 집회는 팝스

타의 콘서트처럼 화려하고 요란했다. 설교자는 하나님은 모든 것을 갖고 계시며, 우리에게 그 모든 것을 주고 싶어 하신다고 외쳤다. 그리고 우리가 부자가 되어 영광 올려 드리길 원하신다고 설파했다.

많은 사람들이 그의 말 한마디 한마디에 열광하며 공감했다. 그런데 설교를 들으면 들을수록 의문이 들었다. '믿음의 힘' 속의 하나님은 아무 힘이 없는 꼭두각시나 노예처럼 느껴졌기 때문이다. 그곳에서 사람들은 하나님의 힘과 능력을 구하고 있었지만 궁극적으로는 자신들의 욕망의 대상, 곧 돈을 구하는 것이란 생각이 들었다.

교회에서 부와 성공이 하나님의 축복의 상징이 된 것은 번영신학의 영향이 크다. 번영신학은 예수님을 통해서 세상의 성공과 부와 건강 등을 얻을 수 있다고 믿는 신학이다. 하나님의 능력을 최대한 활용해서 이 세상에서 잘 먹고 잘사는 것이 신앙의 목표인 양 크리스천들을 미혹하는 신학이다. 적극적인 사고방식의 노먼 빈센트 필(Norman Vincent Peale), 수정교회의 창시자인 로버트 슐러(Robert Schuller), 베니 힌(Benny Hinn), 조엘 오스틴(Joel Osteen) 등이 설파한 번영신학은 부자가 되고 싶은 사람들의 욕망과 맞물려 미국 전역에 영향을 미쳤고, 우리나라에도 큰 파장을 일으켰다.

수많은 목사들이 하나님을 믿으면 부자가 될 수 있다며 많은 크리스천들을 하나님보다 돈을 구하는 방향으로 인도했다. 번영신학이 단기간에 세력을 확장할 수 있었던 것은 모든 인간에게 있는 욕망을 기분 좋게 건드려 줬기 때문일 것이다. 미국에서 건너온 번영신학이 한국의 토착 기복신앙과 한국의 경제성장 시기에 맞물려 결합하면서 한국 교회는 거침없이 많은 대형 교회를 세울 수 있었다.

말하고 믿는 대로 자신이 원하는 부와 성공을 거머쥘 수 있다는 번영신학의 주장은 일반인들에게 뉴에이지 운동과 론다 번의《시크릿》등으로 널리 알려진 내용과 비슷하다. 돈이면 다 된다는 세상적인 사고방식에 인간의 잠재성을 계발하면 모든 것이 가능하다는, 즉 '인간이 신'이라는 잘못된 우월성을 심어 주며 사람들이 성공에 집착하게 만드는 것이다.

미국은 1866년 조선 땅으로 성경을 가지고 들어오다가 순교한 토머스 선교사를 비롯해 알렌, 언더우드, 아펜젤러 등 수많은 선교사들을 한국에 보내 한국의 복음화를 주도했던 나라다. 이런 미국에서 요즘은 상상할 수 없는 신앙적 박해가 벌어지고 있다. 지난 11월 미국을 방문했을 때 나는 예전에 함께 워싱턴 한인 YMCA에서 활동하던 신앙의 친구 부부를 만났다.

군 장교로 퇴역한 선배는 한 회사로부터 고액 연봉의 일자리를 제안 받았지만 거절하고 새로운 사역을 준비하고 있었다. 나는 돈의 유혹에서 벗어나 소신대로 믿음의 사역을 준비하는 그들의 모습이 경탄스러웠다. 그런데 그들로부터 놀라운 사건에 대해서 듣게 됐다. 최근 미국에서 한 크리스천 교사가 크리스마스 때 반 아이들에게 예수님의 사랑이 적힌 크리스마스카드를 나눠 줬다는 이유로 곤경에 처하게 됐다는 것이다. 이와 비슷한 이야기는 〈신은 죽지 않았다 2〉라는 영화로도 만들어졌다. 한때는 온 세계에 선교사를 파송했던 미국이 학교에서 성경에 있는 내용을 이야기했다는 이유로 학부모가 교사를 고소해 감옥에 가게 할 정도로 변한 것도 이런 신앙의 타락과 무관하지 않을 것이다.

번영신학의 대가로서 성공의 상징이었던 짐 베커(Jim Bakker)는 미국 최대 규모의 신앙수양관 '헤리티지 USA'를 건축하다가 운영 과정에서 비리가 드러나 결국 감옥에 갇혔다. 감옥에서 그는 새롭게 성경을 보고 자신이 그동안 외친 것들이 모두 틀렸음을 깨달았다. 그리고《내가 틀렸다(I was wrong)》라는 제목으로 책을 냈다.

2011년 11월, 미국 개신교회의 상징처럼 여겨지던 미국 대형 교회 LA수정교회가 파산했다. LA수정교회를 이끌던 로버트 슐러 목사는 '꿈꾸는 대로 이루어진다'는 설교로 많은 사람들의 마음을 사로잡았다. 교회를 자신의 사유 재산처럼 여긴 슐러 목사는 은퇴 후 교회를 아들에게 물려주었고, 그 후 딸과 사위까지 가세하여 교회를 탐욕의 전쟁터로 만들었다. 이는 우리나라 교회에서도 볼 수 있는 모습이다.

교회의 타락은 기독교를 한국 사회에서 조롱거리로 전락시켰고, 사람들이 교회를 탐욕과 죄악의 온상으로 바라보게 만들었다. 그로 인해 대중이 '기독교인' 하면 '겉과 속이 다른 이중적인 인간'이라는 개념을 갖게 됐다. 〈도가니〉 등 많은 영화에서 기독교인이 표리부동하고 교활한 악인의 표상처럼 그려진 것도 같은 맥락이다. 한국에서 교회는 소금과 빛의 역할을 감당하기 매우 어려운 지경에 처했다. 돈을 사람의 목숨보다 귀하게 여기는 세상에서 사람들의 황폐한 마음을 진리로 적셔 주고 예수님의 사랑을 전해야 할 교회가 세상과 똑같이 사람보다 돈을 더 좋아했기 때문이라는 생각이 든다.

사무엘상 17장에 묘사된 다윗과 골리앗의 싸움을 살펴보면 흥미로운 점을 발견할 수 있다. 다윗이 골리앗과 싸우는 장면은 단 두 절로 끝나 버린다. 하지만 싸움 이전의 상황은 47절을 할애해 자세하게 설명하고 있다. 이스라엘 진영과 블레셋 진영이 대치하고 있을 때 적진에서 거인 같은 골리앗이 나와 싸움을 건다. 이스라엘 군사 중에는 아무도 골리앗 앞에 나서는 사람이 없다. 그때 아버지의 심부름을 온 다윗이 등장한다. 다윗이 골리앗과의 싸움에 관심을 표하자 큰형 엘리압은 화를 내며 다윗을 교만하고 완악한 자로 몰아세우고 호통친다. 다윗을 철저하게 무시한 것이다. 다윗은 사울 왕에게 싸우겠다고 말하지만, 사울 왕 역시 다윗이 골리앗의 상대가 아니라며 말린다. 다윗은 같은 편으로부터 전의가 상실할 만큼 무시당한다. 하지만 이스라엘 진영에 딱히 대안이 없어 출전의 기회를 얻은 다윗은 시내에서 매끄러운 돌 5개를 신중하게 골라 그 돌을 던져 한순간에 골리앗을 넘어뜨린다.

다윗이 골리앗과의 싸움보다 더 크게 벌여야 했던 싸움은 가족, 기존의 가치관 같은 내부의 적과의 싸움이었다. 이처럼 힘을 받고 격려 받아야 할 교회에서 용사인 성도들이 도리어 상처를 받고 전의를 상실하는 경우가 많다. 돈 문제 앞에서 정작 크리스천을 실족하게 하는 것이 교회 공동체일 수 있다는 사실이 놀랍기만 하다.

현대판 다윗의 싸움

개인이 이 세상 거대한 맘몬을 향해 다윗처럼 담대하게 나가 싸워 이길 수 있을까? 그 질문에 대한 답은 오래전에 나(데이비드 서)의 스승이신 정준영 선생님께서 자신의 삶을 통해 내게 보여 주셨다. 돈과 성공이 지배하는 이 세상에서 예수 그리스도만 바라보고 사는 것은 결코 쉽지 않은 일이다. 하지만 불가능한 것은 더더욱 아니다. 예수 그리스도에게서 넘쳐흐르는, 영원히 목마르지 않는 생명수를 찾을 수 있기 때문이다.

이 생명수는 이 세상 부귀영화처럼 잠시 왔다가 사라지는 것이 아니라, 영원한 생명을 보장하는 하나님의 약속이며 은혜다. 예수님과 사도들이 승리한 것처럼 우리가 사는 세상에서도 보이지 않는 곳에서 묵묵히 승리의 삶을 살아가는 사람들이 적지 않다고 나는 믿는다.

미국 워싱턴 DC에서 한인들을 위한 YMCA를 오랫동안 이끌어 온 정준영 선생님은 예수님 다음으로 내 삶의 지표가 된 스승이다. 정 선생님은 돈이 지배하는 이 세상에서 신앙 하나로 돈의 유혹을 이겨 내고 평생 이웃을 위해 헌신하는 삶을 살다 가셨다. 많은 사람들이 그의 삶을 보며 왜 그렇게 사서 고생을 하는지 모르겠다고 고개를 갸웃거렸다. 가족들도 좁은 길로만 가는 그로 인해 한 때 신앙이 흔들리기도 했다.

정준영 선생님을 미국에서 처음 만난 것은 내가 중학생 때였다. 만 12세에 부모님을 따라 미국으로 이민을 간 나는 많은 1.5세대

한국 아이들이 그랬듯이 외롭고 힘든 시절을 보내야 했다. 부모님은 당장 먹고살기 위해 일을 하셔야 했기 때문에 나는 모든 것을 혼자 고민하고 혼자 해결해야 했다.

정준영 선생님은 나와 같은 청소년들을 모아 선교 합창단을 만드셨다. 방학이면 선생님은 우리들을 밴에 태우고 미국 전역으로 선교 여행을 떠나셨다. 이른바 여러 작은 한인 교회들을 돌면서 봉사하는 프로그램이었다.

그 외에도 여름 캠프 프로그램을 만드셨고, 여름학교를 통해 한국어에 서툰 한국인 초등학생들에게 합창단원들이 한국어를 가르치도록 하셨다. 선생님에 의해 한국 입양아들을 위한 잔치도 시작됐다. 선생님이 만드신 모든 프로그램은 참가자와 봉사자들 모두가 같이 어울려 배우고 훈련하는 시간이 되었다.

감리교 감독까지 지내신 목사님의 아들로 자란 정준영 선생님은 고려대학교와 대학원을 졸업하신 후 1968년, 박사학위를 받기 위해 미국으로 유학을 떠나셨다. 대학 졸업장만 있어도 인정받던 그 시절에 유학파 박사는 그야말로 성공이 보장된 화려한 스펙이었다. 그런데 안타깝게도 선생님의 두 아들이 모두 중증장애아로 태어났다. 고통 중에 기도하시던 선생님은 하나님께서 자신에게 주신 특별한 사역이 있음을 깨달았다.

논문 심사를 앞두고 박사학위를 포기한 선생님은 고생하는 한인들을 위해 봉사활동을 시작했다. 방황하는 청소년들을 모아서 선교 합창단을 만들었고, 영어를 못해 법정에서 불이익을 당하는 한

인들을 위해 무료로 통역을 해 주셨다. 통역만으로는 부족함을 느낀 선생님은 아무도 몰래 변호사 자격증을 취득하셨다. 하지만 선생님은 변호사 자격증을 갖게 된 사실을 가족에게조차 말하지 않고 봉사하는 용도로만 사용하셨다. 그래서 선생님의 장례식장에서야 그 사실을 알게 된 제자들도 많았다.

만약 선생님이 변호사 자격증을 자신의 유익을 위해 사용했다면, 한국 이민자들이 많던 당시에 큰 부자가 됐을 것이다. 하지만 선생님은 평생 집도 없이 허름한 임대 아파트에서 가난하게 살면서 모든 것을 남을 위해 내주셨다. 선생님의 관심은 오로지 가난하고 고통 받는 이웃들이었다.

선생님은 세상에서 존경받고 부자로 사는 변호사 일보다 아무도 알아주지 않는 YMCA 총무 일을 더 귀하게 여기셨다. 한국 청소년들을 돌보고 가르치는 일이 장차 한국의 기둥을 세우는 일이라고 생각하셨기 때문이다. 방황하는 청소년들에게 믿음의 씨앗을 심어주는 것이 그 무엇보다 중요한 주님의 사역이라고 믿으셨다. 또한 가난한 이웃을 돌보는 것을 자신의 사명이라고 생각하셨다.

실제로 나를 비롯한 많은 제자들이 선생님의 가르침과 보호 아래 신앙을 키워 갈 수 있었다. 지금도 제자들 대부분은 선생님의 뜻을 받들어 각자의 교회에서 열심히 헌신하며 봉사하고 있다. 개척 교회 사모로 어려움 중에도 기쁘게 일하는 소엽, 여장부처럼 사회를 위한 일에 앞장서며 늘 사람들에게 사랑을 베풀 줄 아는 은경, 미국 어린이 성경 공부에 대한 비전을 갖고 사역하고 있는 미엽, 교수로서 학생들에게 헌신하며 가르치는 진희 등 비록 사는 모습은 각양각색이지만 그들 마음속에 선생님이 뿌려 주신 믿음의 씨앗이 그들의 삶 속에서도 열매를 맺고 있다. 그리고 그 믿음의 씨앗은 민들레 홀씨처럼 그들의 자녀와 미국 전역에 있는 이웃들에게까지 전해지고 있다.

지금도 나는 선생님께 받은 사랑을 떠올리면 주책없이 눈물이 난다. 나이가 들면서 그분이 이 세상에서 포기해야 했던 많은 것들이 무엇이었는지 정확하게 보게 됐기 때문이다. 맘몬과의 싸움에서 자신의 신앙을 지켜 내는 것이 얼마나 처절하고 외로운 일인지 냉혹한 현실을 통해 나도 체험했기 때문이다. 선생님이 그 좁은 길을 묵묵히 걸어갈 수 있었던 것은 오직 예수 그리스도의 십자가와 구원에 삶의 모든 의미를 두었기 때문이다. 세상의 관점에서는 실패한 삶이고 죽은 자일 수 있지만, 하나님의 관점에서는 승리한 삶이고 영원히 산 자였다. 선생님은 우리에게 한 알의 밀알이 되셨다.

> 내가 진실로 진실로 너희에게 이르노니 한 알의 밀이 땅에 떨어져 죽지 아니하면 한 알 그대로 있고 죽으면 많은 열매를 맺느니라 요 12:24

2 성경적인 남편 vs.
세속적인 아내

빚 없이, 신용카드 없이 어떻게 살아요?

"여보, 요즘 세상에 대출 안 내고 집을 사는 사람이 어디 있어요?"

아내는 답답한 듯 나(데이비드 서)를 보며 말했다. 우리는 내가 한양대에서 일하게 되면서 용인에서 출퇴근하는 것이 힘들어 살던 용인 집을 세주고 2년간 좀 더 가까운 덕소에서 전세를 살았다. 그런데 덕소에서 살고 보니 생각보다 교통이나 환경이 살기가 좋아서 우리는 아예 용인 집을 팔고 덕소에 집을 사기로 결정했다.

"난 절대로 빚내서 집을 사고 싶지 않아. 하나님이 우리 형편에 맞는 집을 고를 수 있게 해 주실 거야."

"지금 맘에 드는 집은 2천만 원이 부족해요. 전세도 아니고 집을 살 때는 제대로 된 집을 사야 하잖아요. 게다가 요즘 이자도 싼데 대출 조금만 내면 햇볕이 잘 드는 좋은 아파트로 이사 갈 수 있다고요. 안 그러면 동향집으로 골라야 해요. 동향집은 빨래도 잘 안 마르고 겨울엔 추워서 난방비가 많이 나가요. 그리고 지금 약간만

무리해서 사 놓으면 나중에 집값이 더 오를지도 모르잖아요."

"여보, 집값이 오를 거라는 기대로 무리해서 집을 사는 것에 나는 동의하지 않아. 이자가 싸다고 해도 빚이 있으면 결국 우린 돈을 다 갚을 때까지 은행의 노예로 사는 거야."

"휴우, 당신은 정말 생각이 너무 답답해. 주위를 좀 둘러봐요. 대출로 아파트 사서 부자 된 사람이 어디 한둘이에요? 이건 시대적 흐름이라고요!"

"그건 그 사람들의 방식이고, 난 내가 알고 있는 하나님의 방식대로 살고 싶어."

"그래서 우리가 부자가 못 된 거예요. 강남 한복판도 아니고 덕소에서 집 한 칸 사는데 이렇게 고심을 해야 하다니 참 우울하네요."

"여보, 우리가 수년간 성경적 재정 훈련을 공부한 이유가 뭐야? 제대로 성경적으로 살아 보고 싶어서였잖아. 우리가 배운 걸 실천하지 않으면 무슨 소용이 있어?"

"나도 알아요. 그런데 당신이 너무 유도리가 없어서 답답해요. 빚 없이 사는 건 그렇다 쳐도 신용카드까지 없애라는 게 말이 돼요?"

"신용카드 없이 살자는 것이 빚 없이 살자는 얘기야."

"신용카드가 무슨 빚이에요? 딱 돈 있는 만큼만 쓰는데."

"신용카드도 알고 보면 빚이야. 먼저 쓰고 나서 돈이 빠져나가잖아."

"아뇨! 무슨 말을 해도 난 절대로 신용카드는 포기 못해요. 카드가 없으면 불안해서 못 살 것 같다고요."

"당신이 지금 카드를 포기하지 못하는 그 불안한 마음, 그게 바로 돈의 노예로 사는 거야."

"그건 지나친 비약이에요!"

"내가 말하는 건 돈을 무시하자는 게 아니야. 당신 맘속에 있는 두려움을 내려놓으라는 거야. 돈이 없으면 절대로 안 된다는 신념은 결국 하나님보다 돈을 더 믿는 거야. 그게 바로 돈을 우상으로 숭배하는 거라고. 여보, 잘 생각해 봐. 당신 정말 돈이 많으면 행복할 것 같아?"

"그럼요!"

"그럼 돈이 없으면 불행한가?"

"그렇죠. 돈이 없이 어떻게 행복할 수 있어요? 어차피 이 세상은 돈으로 돌아가요. 당장 전기세나 가스비를 안 내면 끊어지는 게 현실이라고요. 돈이 필요하다는 생각과 돈을 우상으로 숭배하는 건 달라요."

"그게 바로 당신을 혼미하게 만드는 지점이야. 당신은 지금 그럴 싸한 이유를 대면서 어물쩍 넘어가고 있는 중이라고. 그럼 단도직입적으로 물을게. 성경에는 분명히 사람이 두 주인을 섬길 수 없다고 했어. 당신의 주인은 돈이야? 하나님이야?"

"당연히 하나님이시죠."

"정말? 그런데 당신은 돈 때문에 행복하고 돈 때문에 불행하다며? 그럼 당신 안에서 당신을 좌지우지하는 건 돈이잖아."

"…."

아내는 말문이 막히면서 조금씩 흔들리기 시작했다.

"좋아. 그럼 당신이 알고 있는 하나님은 어떤 분이셔? 이 세상 모든 만물을 지으신 분이 하나님이고 그 주인이 하나님인 걸 믿어?"

"그럼 믿죠. 여보, 나도 모태신앙이거든요!"

"그럼 돈의 주인은 누구라고 생각해? 돈은 하나님이 지으신 게 아니야? 돈이 태초부터 스스로 만들어졌나?"

"아뇨. 돈은 사람이 만들었잖아요. 그러니까… 뭐… 결국 돈도 하나님이 지으신 게 맞죠."

"그런데 당신은 하나님 아래 있는 돈을 더 의지하고 사는 거잖아. 하나님을 믿는다고 하면서도 말이야. 하나님이 돈 위에 계신 분인데, 안 그래?"

"뭔가 당신한테 또 말린 것 같은 기분이에요. 그래요. 어쨌든 당신 말이 맞아요."

"돈이 많을 때만 행복한 건 진정한 행복이 아니야. 돈이 없어지면 그 행복감이 사그라지잖아. 그건 허상이야. 내가 당신하고 함께 누리고 싶은 행복은 돈이 있을 때나 없을 때나 행복한 삶이야. 그건 다윗이 사울에게 쫓기면서도 하나님을 찬양하며 기뻐할 수 있었던 그런 삶이야."

"나도 그렇게 살고 싶지만 그게 너무 어려우니까 그렇죠⋯."

"돈보다 크신 하나님을 믿고 의지하면 그런 삶을 살 수 있어. 모든 주권을 하나님께 맡기고 하나님이 주시는 대로 감사하며 살겠다고 작정하면 돼."

"아이고, 난 도저히 당신 수준을 못 쫓아가겠어요. 그래요, 어쨌든 당신이 옳아요."

결국 우리는 가진 돈에 맞춰서 남향집이 아닌 동향집을 사서 이사를 했다. 물론 아내의 예측대로 빨래가 안 말라서 제습기를 돌려야 했고, 겨울엔 추워서 두꺼운 겉옷을 입고 살아야 했지만 나는 마음이 가벼웠다. 아내는 햇볕이 쨍쨍하게 비추는 건너편 남향 아파트를 보며 가벼운 한숨을 내쉬긴 했지만, 빚이 없어서 속은 편하다고 말했다. 우리가 동향집에서 사는 시간은 생각보다 그리 길지 않았다. 2년 후 내가 한양대를 그만두고 컨설팅 회사에서 일하게 되면서 우리는 교통에 대해 좀 더 자유로워졌다. 아내는 암 투병 중이신 장모님을 가까이에서 모시고 싶어 했고, 나도 동의했다. 우리는 다시 처가 근처인 용인으로 이사하기로 결정했다. 그리고 하나님의 은혜로 아내가 원하던 햇볕이 잘 드는 남향의 넓은 아파트로 이사를 하게 됐다. 물론 대출은 받지 않았다. 아내는 자신이 딱 원하던 집을 하나님이 주셨다고 기뻐했다. 그리고 아내는 신용카드 대신 체크카드를 사용하기 시작했다.

고난 때문에 돈이 우상이 된 아내

나(데이비드 서)와 아내는 둘 다 모태신앙인으로, 기독교 집안에서 자랐다. 하지만 돈에 대한 가치관은 매우 달랐다. 그것은 살아온 환경과 무관하지 않았다. 아내는 크리스천 부모님 밑에서 평범하면서도 안정된 어린 시절을 보냈다. 교회에서 자라다시피 한 아내는 청년부 때는 주일학교 교사, 성가대, 교회 찬양집 발간 등 온갖 교회 일에 열심히 봉사했다. 아내는 교회에 열심히 다니고 하나님께 충성하면 복을 받아 행복하게 살 수 있을 거라고 믿었다. 자신의 삶을 아버지인 하나님께서 지켜 주실 것이라고 믿은 것이다.

아내가 영적 아버지처럼 따르던 담임 목사님의 주례로 모두의 축복을 받으며 안정된 직장을 가진 크리스천 청년과 결혼할 때만 해도 아내의 신앙관에는 아무런 문제가 없어 보였다. 아내는 하나님의 인도하심으로 행복한 결혼생활을 할 거라고 믿어 의심치 않았다. 하지만 아내는 결혼한 지 얼마 안 돼 신랑이 도박 중독임을 알게 됐다. 아내에게는 하늘이 무너지는 것 같은 충격이었다.

하지만 불행은 거기에서 끝나지 않았다. 1년 후 아내는 건강한 딸을 낳았는데 24시간 만에 장애 판정을 받았다. 태어나자마자 신생아 황달이 심해서 큰 병원으로 옮기는 동안 뇌 손상을 입어 경미한 뇌성마비 판정을 받은 것이다. 'ABO쿰스'라는 100만분의 1의 희귀병에 걸려서 딸이 장애아가 되자 아내는 크게 절망했고, 하나님이 딸을 지켜 주지 않은 것에 대해 도저히 받아들일 수가 없었다. 예수 믿으면 복 받고 천국 간다는 기복신앙 안에서 살던 아내로서는 해석이 되지 않는 일이었던 것이다. 아내는 태풍처럼 몰아닥친 고난 앞에서 맥없이 무너졌다. 아내의 표현에 따르면 '하루아침에 하나님의 장자에서 서자로 쫓겨나 길바닥에 내동댕이쳐진 것 같은 박탈감과 충격'에 빠졌다.

율법에 묶인 아내는 여전히 도박을 끊지 못하는 남편과 이혼도 하지 못한 채 장애아 딸을 키우며 고통 속에서 하루하루를 보내야 했다. 그러다가 지푸라기라도 잡고 싶은 심정으로 영적 아버지처럼 믿고 따르던 교회 담임 목사님께 면담을 요청했다. 담임 목사님은 왜 하나님이 자신에게 이런 시련을 주시는지 그 이유를 알고 싶다며 울먹이는 아내에게 아무런 답을 주지 못했다. 아내는 태어나서 처음으로 기독교에 깊은 회의감을 느꼈다. 정작 신앙의 힘이 가장 필요할 때 아내는 교회로부터 아무런 도움을 받지 못했다. 아내는 자신의 고난에 대한 답을 찾지 못하고 영적으로 방황하다가 스물아홉 살에 이혼했고, 그 후 교회를 떠났다. 그때가 아내의 영적 암흑기였다.

이혼 후 아내는 방송작가로 일하면서 혼자 힘으로 살아남기 위해 노력했다. 그렇다 보니 아내에게 돈은 자신을 지켜 줄 중요한 존재가 됐고, 적어도 6개월 치 생활비가 통장에 있어야 안정감을 느꼈다. 안정감을 주는 돈이 하나님의 자리에 우상으로 세워진 것이다. 화려한 방송국 세계에서 일하면서도 아내는 낭비하지 않고 알뜰히 돈을 모아 30대에 (부모님의 도움을 받긴 했지만) 사당동에 아파트를 장만했다. 그 집은 아내에게 작은 우상이 되었다.

돈에 대한 아내의 가치관은 장인 장모님께 어려서부터 받은 가정 교육의 영향도 컸다. 장모님은 교회 권사로서 장인어른의 사업이 번창할 때 남편 몰래 거액의 십일조를 망설임 없이 할 만큼 철저하게 십일조 생활을 했고, 새벽 기도와 성경 필사는 물론 교회 봉사까지 어느 것 하나 빠지는 것 없는 모범적인 크리스천으로 사셨다. 장모님은 장인어른의 사업이 잘되는 것이 장모님의 기도와 올바른 십일조 생활 덕분에 하나님이 복을 주신 거라고 믿었다. 이것은 장모님이 다니는 교회에서는 매우 자연스럽게 통용되는 신앙관이었다.

장녀인 아내는 특히 아버지와 유대 관계가 깊어서 아버지의 근검절약 정신을 어렸을 때부터 몸으로 익혔다. 시간이 지날수록 아내의 내면에는 크리스천의 모범적인 삶과 돈을 중시하는 마음이 똑같이 중요한 가치관으로 자리매김하게 됐다.

내 삶의 굴곡과 위기

3대째 기독교 집안에서 자란 나(데이비드 서)는 어렸을 때부터 가족과 친척으로부터 자연스럽게 신앙을 전수 받았다. 대를 이어 가족들의 삶을 통해 전해진 신앙은 자연스럽게 내 안에 자리 잡아 갔다. 그중 하나는 '하나님께서는 믿는 자녀의 자식들을 굶기시지 않는다'는 것이었다. 가난하던 시절 하루 세 끼 밥이 무엇보다 중요했던 부모님 세대에는 그것이 하나님을 향한 가장 큰 믿음의 표현이었다. 그래서인지 나는 어른이 되어서도 먹고사는 문제에 대해 크게 고민하지 않았다. 하나님께서 기본적인 것은 채워 주실 거라는 믿음이 있었기에 그 안에서 자유로울 수 있었다.

그렇다고 내가 가난을 경험하지 않은 것은 아니었다. 한국에서 부잣집 아이들이 많은 사립 초등학교에 다니면서 나는 상대적인 가난을 매일 느끼며 살았다. 집안 형편이 괜찮은 편이었는데도 자가용을 타고 등교하는 아이들을 보며 버스를 타고 다니던 나는 위축감을 느꼈다. 미국에 이민을 와서는 실제로 가난한 이민자의 삶을 살면서 고등학생 때부터 주유소와 식당 등에서 아르바이트를 시작했다.

미국으로 이민 와서 고생하시는 부모님을 보면서 나는 부모님께 걱정을 끼치지 않는 착하고 모범적인 아들이 되려고 노력했다. 그것이 내가 부모님을 위해 할 수 있는 최선이라고 생각했다. 그래서 학업에 충실했고 교회 생활도 열심히 했다.

나는 초등학교 6년 내내 친구 없이 학교를 다녔지만 그때의 외로움을 아무에게도 말하지 않았다. 그렇다 보니 나는 점점 나만의 세계로 숨어들어 감정을 표현하는 것에 서툰 아이로 성장했다. 나 자신을 스스로 만든 감옥에 가두고 산 것이다. 결국 나는 교회 활동 외에는 사회적인 사교 활동에 대해서 특이할 만큼 무지한 청년으로 성장했다.

나는 모범적인 '엄친아'로 살았지만, 부모님께 직접 칭찬을 받은 기억은 별로 없다. 부모님은 아들에 대해 큰 자부심을 갖고 있었지만 정작 내게 표현하지는 않으셨다. 특히 아버지는 경상도 사나이로서 집에서 과묵한 편이어서 나와 마음의 대화를 나누는 시간이 거의 없었다. 나는 늘 부모님의 인정과 사랑에 목말라 있었지만 그것을 표현하지 못했다. 부모님은 당신들의 방식으로 내게 충분한 사랑을 쏟았지만 안타깝게도 감정 표현에 서툴고 메마른 나는 그것을 읽어 내지 못했다.

나는 부모님의 바람대로 결혼해 가정을 꾸렸다. 전처는 사회적으로나 가정적으로나 완벽할 정도로 능력이 출중한 여성이었다. 부모님과 친척들은 모두 다 전처를 칭찬하고 사랑했다. 건강한 두 자녀를 갖게 된 나는 미국에서 매우 성공적이고 행복한 중산층의 삶을 누릴 수 있었다. 겉으로 보면 넓은 집과 좋은 차, 부부 모두 좋은 직장을 두루 갖춘 풍족한 가정을 꾸리고 있었지만, 내면은 점점 메말라 가고 있었다. 서로를 힘들게 하는 일이 많아지면서 부부로서의 유대감이 느슨해졌다. 사랑하는 두 아이가 유일하게 우리 부부를 부모로서의 책임감으로 이어 주고 있었다. 속으로는 곪고 있었지만 겉으로는 아무 일 없이 평화로운 나날이 거짓말처럼 흘러 갔다. 부모님을 모시고 사는 화목한 가정, 온 가족이 함께하는 교회 생활, 부모님이 지인들로부터 자식 농사를 잘 지었다는 인정과 부러움을 계속 받도록 해야 한다는 압박감…. 이 모든 것이 속으로 곪고 있는 우리 부부 생활을 간신히 유지시키고 있었다. 나는 행복하지 않은데 행복한 척하며 쇼윈도 부부로 사는 것이 점점 힘들어졌다. 이것은 나를 위한 삶이 아니라 남을 위한 삶이라는 생각이 들었다.

성경적이지 않음에도 불구하고 결국 전처와 이혼까지 가게 된 것도 더 이상 도망칠 수 없는 막다른 절벽 앞에서 내 삶의 목적과 방향을 바꿀 수 없었기 때문이다. 나의 예상대로 이혼으로 인해 나를 향한 주변의 기대와 신뢰는 물론, 안정적인 내 삶도 산산조각이 났다. 그리고 그 대가를 오랫동안 아프게 치러야 했다. 이혼 후 변화된 나의 환경을 받아들이고 익숙해질 즈음, 정준영 선생님이 소천하셨다. 장례식을 끝내고 선생님을 땅에 묻을 때 나는 슬픔을 가누지 못해서 선생님 관 위에 엎드려 흐느껴 울었다.

아내는 영적 공백기 동안 마음을 터놓고 지낼 수 있는 좋은 선배를 만났다. 지금 생각하면 하나님의 놀라운 예비하심이었다. 그 선배가 바로 나의 친구이면서 정준영 선생님의 수제자로서 워싱턴 YMCA에서 일한 경험도 있는 이은경이었다. 아내는 은경으로부터 정준영 선생님에 대해서 듣고 몹시 충격을 받았다. 자신은 장애인 딸이 해석되지 않아 오랜 세월 고통을 겪고 있는데, 정준영 선생님은 두 아들이 모두 중증 장애인인데도 불구하고 자신의 삶을 하나님께 온전히 헌신하고 있었기 때문이다.

그러던 어느 날, 정준영 선생님이 잠시 한국을 방문했을 때, 아내는 정 선생님이 지인들과 만나는 자리에 선배 은경과 함께 참석했다. 그곳에서 아내는 자신의 가치관으로는 도저히 이해할 수 없는 광경을 목도하고 그 자리에서 얼어붙고 말았다. 활짝 웃으며 사람들과 인사하는 정준영 선생님 곁에 키가 180cm 정도 되는 덩치 큰 지체 장애인 아들이 서 있었기 때문이다. 아내는 사람들 앞에서 자신의 딸에 대해서 말도 꺼내지 못할 때였다. 그런데 자신의 치부와도 같은 아들을 당당하게 세상에 내보이며 행복한 웃음을 짓고 있는 정준영 선생님이 아내의 눈에는 마치 거인처럼 크고 놀랍게 보인 것은 당연했다.

객관적으로 보면 지극히 불행한 상황인데도 기뻐할 수 있는 정 선생님의 평안함의 정체를 아내는 도무지 알 길이 없었다. 하나님께 버림받았다는 생각으로 교회를 등지고 살던 아내는 자신의 삶을 돌아보기 시작했다. 고난 속에서 아내는 처음으로 하나님이 자신에게 감당할 만한 시련을 주셨을지도 모른다는 생각을 하게 됐다. 아내는 집을 떠난 탕자처럼 아버지의 품을 그리워하며 살고 있는 자신을 발견했다. 정 선생님을 통해 예수 그리스도의 빛이 아내의 어둠을 비춘 것이다.

그 후 아내는 선생님이 돌아가셨다는 소식을 전해 들었다. 선생님을 깊이 존경하던 아내는 큰 슬픔에 빠졌다. 그러다가 제자들이 선생님의 일대기를 쓸 작가를 구한다는 소식을 듣고 모든 일을 제쳐놓고 미국으로 달려왔다. 그 후 나는 한국에 직장이 생기면서 이민 간 지 30년 만에 한국으로 돌아왔고 지금의 아내와 재혼했다.

돈으로 인한 아내와의 갈등

나를 만나면서 아내는 방송작가로 성공하고 싶은 꿈을 포기했다. 밤낮이 바뀌어 살아야 하는 방송작가 일의 특성상 가정주부를 병행하는 것은 쉽지 않았다. 특히 나처럼 한국에 아무런 연고도 없고 길도 제대로 모르는 재미교포 남편을 둔 아내로서는 불가능한 일이었다. 일이냐 가정이냐, 기로에 섰던 아내는 결국 가정을 선택했다.

일을 그만둔 아내는 보상 심리처럼 내게 기대하는 바가 있었다. 그것을 아내는 '남들처럼 사는 것'으로 표현했다. 평범하지 않은 일을 겪은 아내는 남들처럼 사는 평범한 삶을 몹시 동경했다. 거기에는 많은 의미가 포함되어 있었다. 교회에서는 신앙적으로 인정받아야 했고, 사회에서는 다른 사람들한테 무시당하지 않을 만큼 지위와 경제적 능력을 갖춰야 했다. 단지 부자로서 떵떵거리며 살겠다는 욕심만 빠져 있을 뿐이었다.

이런 아내의 시선으로 보면 나는 매우 현실감이 떨어지는 답답한 남편이었다. 돈을 많이 벌어서 성공하겠다는 열망도 없었고, 안정적인 미래에 대한 욕심도 없었다. 나는 그저 신앙 안에서 참된 자유인으로 사는 것이 꿈인, 평범하면서도 독특한 크리스천이었다.

20년 가까이 직장 생활을 하면서 나는 어느새 일중독자로 변해 있었다. 나는 일에 눌려 정체되어 있던 신앙을 다시 키워서 주님과의 사랑을 회복하고 싶었다. 깊이 묵상하는 가운데 크리스천으로 잘 살기 위해서는 먼저 돈으로부터 자유로워져야 한다는 생각을 하게 됐다. 그것은 크리스천 재정 훈련을 통해 자연스럽게 내 안에 정착된 신앙관이었다. 나는 돈에 대한 모든 권리를 주님께 드리고 주님의 청지기로 살고 싶었다. 하지만 아내는 돈이 없으면 살 수 없다고 믿을 만큼 돈의 중요함을 누구보다도 온몸으로 느끼며 살아온 사람이었다. 하나님으로부터 버림받은 기억이 고스란히 남아 있는 아내로서는 하나님께 전적으로 의지하는 삶을 산다는 것은 쉬운 일이 아니었다. 표면적으로 아내와 내가 부딪치는 지점은 돈이었지만, 그 뿌리를 찾아 들어가 보면 결국 하나님에 대한 믿음의 차이였다.

돈에 대한 가치관이 전혀 다른 나와 아내가 만나서 결혼했으니 갈등이 만만치 않았다. 게다가 각자가 갖고 있는 쓴 뿌리와 상처가 깊은 만큼 갈등의 폭도 깊었다. 그럼에도 아내와 내가 그 갈등의 깊은 계곡과 높은 산을 함께 넘어올 수 있었던 것은 우리 둘 다 하나님의 진리 안에서 자유롭게 살고 싶은 간절한 소망이 있었기 때문이다. 그리고 무엇보다 남의 눈을 의식해서 우리 안에 있는 문제들을 덮고 거룩한 척, 잉꼬부부인 척하며 살고 싶지 않았다. 우리는 내면의 문제를 해결하고 주님께로 더 가까이 갈 수 있다면 어떤 수

치나 창피함도 감당할 수 있다고 생각했다. 그래서 갈등 앞에서 피하지 않고 열정과 탐구심으로 끝까지 우리의 내면을 파헤치는 데 많은 시간을 들였다.

내적치유 프로그램에 참석하기도 하고 부부상담 전문 목사님으로부터 상담도 받았다. 교회 공동체 모임을 통해 진솔한 나눔의 시간도 가졌고 말씀에 집중해서 성경 통독과 말씀 공부도 열심히 했다. 그러나 무엇보다 우리에게 큰 힘이 된 것은 영과 진리로 드리는 예배와 말씀이었다. 진리의 말씀을 분별하는 것은 성도로서 매우 중요한 일이다. 앞서 말했듯이 아내와 나는 모태신앙인으로 수십 년 동안 교회에서 예배를 드리며 살았다. 하지만 번영신학과 기복신앙에 물든 오염된 말씀을 들었을 때는 그것이 도리어 우리에게 독이 되고 걸림돌이 된다는 것을 삶을 통해 알게 되었다.

특히 성도가 고난 앞에 섰을 때 그 말씀의 진가가 드러나는 것 같다. 그래서 영과 진리의 말씀을 먹게 해 주신 좋은 목사님을 만난 것은 우리 부부에게 큰 행운이었다. 우리는 목사님의 설교 말씀을 영의 양식으로 여기며 씹어 먹듯 듣고 또 들었다. 이러한 과정을 통해 우리는 우리 안에 있는 오물 같은 쓴 뿌리들을 직면할 수 있었다. 그것은 법이나 도덕의 잣대로는 쉽게 드러나지 않는 깊은 내면의 죄성이었다.

진리의 말씀을 접하면서부터 아내의 눈에 있던 기복과 번영신앙의 비늘들이 떨어져 나갔다. 아내는 그동안 완강하게 거부했던 태도를 바꿔서 자신이 돈과 하나님을 동시에 섬겨 왔음을 고백했다.

거품과 허상의 세계에서 나와 실재의 세계를 보게 된 아내는 자연스럽게 가치관에 큰 변화가 생겼다. 아파트 평수나 연봉보다 예수 그리스도의 구원이 더 소중하게 자리매김하게 된 것이다. 아내에게 깊은 상처요 아픔이었던 딸을 바라보는 시각도 달라졌다. 이전까지는 하나님의 저주라고 여기던 딸의 장애가 이제는 하나님의 귀한 축복의 선물로 바뀐 것이다. 세상적으로 보면 불행한 사건이지만, 구원의 관점에서 보면 결국 딸을 통해서 아내가 주님께 무릎 꿇고 세상에서 주님 앞으로 돌아오게 됐으니 축복이고 은혜의 사건이라고 했다. 또한 아내는 이제는 자신의 삶이 주님 안에서 명확하게 해석이 된다며 기뻐했다.

아내는 고난 앞에서 주님을 원망하고 교회까지 떠났던 자신을 끝까지 포기하지 않고 구원의 길로 이끌어 주신 하나님의 은혜가 감사해서 말씀을 들을 때마다 눈물을 펑펑 쏟았다. 그 후 아내의 삶은 작은 것에서도 저절로 감사가 터져 나왔다. 암투병 중이신 친정 엄마를 모시고 병원 응급실로 달려가면서도 엄마가 살아계심에 감사했고, 지하철을 타고 약속장소로 가면서도 튼튼한 두 다리로 걸을 수 있음에 감사했다. 높은 하나님의 자리와 낮은 죄인 된 자신의 자리가 또렷하게 깨달아지자 한없이 부어 주시는 하나님의 은혜가 그만큼 크고 감사하게 느껴진 것이다.

그 변화의 과정은 신기할 정도로 놀라운 하나님의 은혜였다. 마치 어린 아이가 더 좋은 장난감을 발견했을 때 갖고 놀던 장난감을 미련 없이 내려놓는 것처럼, 아내는 하나님의 진리의 말씀을 깨달게 되면서 돈에 대한 걱정을 내려놓게 되었다.

아내의 변화와 함께 우리 부부는 주님이 주신 가정 천국을 누릴 수 있게 됐다. 결국 맘몬과의 싸움에서 이기는 비결은 맘몬과 대적하는 것이 아니라, 더욱더 주님께로 나아가 그 안에 거하는 것임을 나는 깨달았다. 하나님의 자녀로서 세상에 속해 사는 우리에게 돈의 유혹은 피할 수 없는 과정이다. 더 부자가 되고 성공할 수 있는 길을 속삭이는 맘몬의 유혹에서 흔들리지 않을 사람이 과연 얼마나 될까? 단지 우리가 할 수 있는 것은 세상으로 향하는 나의 시선을 주님께로 돌려서 주님의 힘을 간절히 구하는 것밖에 없다. 그럴 때 우리는 주님만으로 충분하고 넉넉한 삶을 살 수 있을 것이다.

주님은 우리에게 영원히 목마르지 않는 생수를 주시겠다고 약속하셨다. 크리스천의 성공은 돈이 아니라 그 생수를 얻는 것이다. 넓은 평수의 아파트, 좋은 차, 많은 재산, 자녀의 합격이 아니라 하나님 나라에 들어가 영원한 생명을 얻는 것이 성공이다. 기름을 채운 등잔을 들고 신랑을 맞이하는 다섯 처녀처럼 오늘도 우리의 기름이 떨어지지 않았는지를 점검하며 말씀 안에 거하는 것이 크리스천으로서 가장 성공적인 삶이라고 나는 믿는다.

> 집 하인이 두 주인을 섬길 수 없나니 혹 이를 미워하고 저를 사랑하거나 혹 이를 중히 여기고 저를 경히 여길 것임이니라 너희는 하나님과 재물을 겸하여 섬길 수 없느니라 눅 16:13

나의 삶 돌아보기

Q 부모나 지인 중에서 믿음이 크면 돈과 성공의 축복을 크게 받는다고 믿는 사람이 있습니까? 당신의 생각은 어떻습니까? 다르다면 어떻게 다릅니까?

Q 교회에 다니려면 돈이 필요하다고 생각합니까? 어떤 경험 때문에 그렇게 생각하게 됐습니까?

Q 헌금할 때 어떤 마음으로 합니까? 헌금을 하면서 하나님의 더 큰 축복을 기대한 적은 없습니까? 또는 무리한 헌금을 하면서 하나님께 베팅한 적은 없습니까?

Q 지금 빚이 있습니까? 있다면 어떤 빚입니까? 혹시 더 많은 돈을 벌기 위해 진 빚은 아닙니까? 당신은 카드 할부가 빚이라고 생각합니까?

Q 돈의 유혹에 믿는 사람이 이러면 안 되는데 한 적이 있습니까? 혹은 주님이 주신 믿음으로 돈의 유혹을 이겨 본 적이 있습니까?

Q 돈 때문에 불안한 마음이 있습니까? 불안한 마음과 당신의 믿음과의 갈등은 무엇입니까?

2장

맘몬과의 싸움에서
이기는 비결

1 골리앗 맘몬 vs.
다윗 크리스천

돈 앞에서 무력해 보이는 하나님

박성재 씨(가명, 39세)는 요즈음 전세 만기일이 다가오면서 걱정 때문에 잠이 오지 않는다. 주인이 전세금을 5천만 원이나 올려 달라고 해서다. 지금 전세금으로는 주위에서 마땅한 집을 찾기가 하늘의 별 따기처럼 힘들어서, 토요일마다 아내와 함께 다른 지역으로 집을 보러 다녀 보지만 허탕을 치기 일쑤다. 간혹 맘에 드는 집이 있어도 예산보다 2천~3천만 원 더 높아서 눈물을 머금고 포기해야 했다.

넉넉하지 않은 가정에서 자란 성재 씨는 늘 돈에 쪼들리며 살았다. 부모님은 늘 빚 때문에 힘들어하셨고 직장 생활을 시작한 이후에도 대학 때 받은 학자금 대출을 갚고 가계에 보태느라 돈을 제대로 써 보지 못했다. 성재 씨는 한 번 빚에 휘감기면 벗어나기가 얼마나 힘든지 어려서부터 체험한 터라 결혼을 하면 빚 없이 살겠다고 다짐했다. 그것이 성경적이라고 생각했다.

교회에서 만나 결혼한 아내 희영 씨(가명, 36세)도 다행히 성재 씨와 생각이 같아서, 두 사람은 신혼 초부터 검소하게 살았다. 그래도 성재 씨는 여전히 돈에 쪼들렸다. 맞벌이를 하는데도 치솟는 전세금을 따라가는 것이 버거웠기 때문이다. 아기가 태어나 아내가 직장을 그만두고 외벌이가 된 뒤로는 경제적인 압박이 더 심해졌다. 결국 집 문제로 성재 씨의 결심이 흔들리기 시작했다.

"우리 이러지 말고 대출이라도 내서 집을 아예 사 버릴까?"

고심 끝에 성재 씨는 아내에게 물었다.

"우리가 무슨 돈이 있어서 집을 사?"

"남들도 다 그렇게 하잖아. 지금 있는 돈에 2억 정도 대출을 내면 얼추 작은 평수라도 살 수 있을 거야."

"난 반대야. 그 이자를 어떻게 감당하려고 그래? 지금은 내가 돈을 버는 것도 아닌데."

"그사이에 집값이 오르잖아."

"안 오를 수도 있어. 그리고 지금까지 어렵게 지켜 왔던 우리 가치관을 다 포기해야 하잖아."

"난 솔직히 요즘 헷갈려. 이제 준서가 크면 학교도 가야 할 텐데 언제까지 이렇게 철새처럼 떠돌아다녀야 하는 건지. 그때 청년부 우석이가 대출 내서 아파트 살 때 우리도 같이 샀어야 했나 좀 후회될 때가 있어. 우석이네 아파트는 지금 엄청 많이 올랐대."

"괜히 다 지나간 일에 속 끓이면서 시험 들지 말자. 하나님께서 우리가 좋은 집을 찾게 해주실 거야. 여보, 우리 기도하자."

칭얼거리는 다섯 살짜리 아들을 달래며 아내가 말했다. 말은 그렇게 하지만 아내도 몇 주째 집을 찾으러 다니면서 많이 지친 듯했다.

남들이 빚을 내서 너도나도 아파트 투자에 매달릴 때 성재 씨는 돈을 모아서 전세 자금을 늘리는 쪽을 선택했다. 자동차 역시 할부로 새 차를 사는 대신 뚜벅이족으로 몇 년 지내면서 돈을 모아 중고차를 샀다. 맞벌이를 하던 아내가 아이를 직접 기르기 위해 직장을 과감하게 그만둔 것도 돈보다 더 중요한 자녀양육을 위해서였다. 세상 사람들 눈에는 고지식해 보일지라도 빚을 지지 않고 주어진 돈에 자족하며 사는 것이 크리스천으로서 올바르게 사는 방법이라 믿었기 때문이다.

하지만 시간이 지나도 두 사람의 빠듯한 생활은 나아지지 않았다. 아무리 믿음 안에서 돈의 노예가 되지 않으려고 안간힘을 써도 여전히 돈 걱정에서 벗어날 수 없는 현실이 성재 씨를 무기력하게 만들었다. 주일예배 시간에 목사님의 설교 말씀을 들으면서도 어떻게 하면 부족한 전세금을 마련할 수 있을까 하는 걱정이 성재 씨의 머릿속에서 떠나지 않았다.

현실을 구원하지 못하는 믿음

증권 회사에서 일하는 박정환 씨(가명, 48세). 그는 믿는 사람의 본을 보이며 살고 싶어서 회식 자리에서 술을 마시지 않았고, 직장에서 궂은일도 마다하지 않고 솔선해서 했다. 정환 씨의 신념을 이용해 일을 떠넘기는 직원들도 있었다. 그럴 때마다 힘들었지만 진심은 언젠가 통한다고 생각했다. 그런 정환 씨가 최근 회사에서 퇴출

당했다.

다른 직원이 실수한 것을 만회하려고 도와주다가 회사에 큰 손실을 낸 사건에 연루되어 정환 씨가 억울하게 책임을 뒤집어쓴 것이다. 정환 씨에게 책임을 전가한 직원은 평소 그가 무척 아끼던 후배였다. 정환 씨는 후배에 대한 배신감과 그동안 크리스천으로서 살려고 노력한 결과가 이것인가 하는 허탈감과 괴로움 때문에 잠을 이룰 수가 없었다.

심리적 어려움 못지않게 현실의 어려움도 컸다. 회사에 미친 손실을 변제하느라 퇴직금도 제대로 받지 못했다. 한창 교육비가 들어가는 두 자녀를 생각하면 당장 무슨 일이든 해야 했기에 정환 씨는 대리기사 일을 시작했다. 밤새도록 뛰어다니다가 이른 아침에 물 먹은 솜뭉치처럼 무거운 몸으로 귀가하며 열심히 일해도 생활비는 늘 모자랐다.

밤늦게 취객들을 상대하는 것은 술을 먹지 않는 정환 씨에게 큰 고역이었다. 그러나 무엇보다 견디기 어려운 것은 아이들이 학원을 다닐 수 없게 된 현실이었다. 아내는 처음에는 카드 결제를 해서, 다음에는 리볼빙 결제로, 뒤에는 카드론으로 아이들 학원비를 내고 있었다.

"여보, 아무리 애들 일이라도 이러다간 신용불량이 돼. 대책이 없어."

"안 돼요! 내가 굶는 한이 있더라도 애들 교육비는 절대로 포기할 수 없어요."

"여보, 나도 괴로워. 하지만 우리 현실을 있는 그대로 인정해야만 해. 이런 식으로 카드빚을 내서 애들 학원비를 내는 건 바보짓이야."

"그래도 애들 공부는 시켜야 하잖아요. 쟤들이 무슨 죄가 있다고 그래요. 부모 잘못 만나서 이 세상에서 낙오자로 살아야 해요? 큰애 지석이는 반에서 늘 1등이에요. 그렇게 똑똑한 애를 어떻게 공부를 안 시켜요? 학원 그만두면 바로 성적에 영향이 있을 텐데 난 죽어도 못해요."

"돈이 아니라도 다른 방법이 있을 거야. 하나님께서 우리 애들을 지켜 주실 거잖아."

"아뇨. 난 그렇게 생각 안 해요. 내가 최선을 다해야 하나님도 도와주시든 말든 할 거 아니에요? 당신을 한번 돌아봐요. 그동안 그렇게 믿음 갖고 살려고 애쓰더니 그 결과가 결국 이거냐고요? 믿지 않는 시댁 형님들이 뭐라고 조롱하는지 알아요? 그렇게 제사 안 지내려고 하더니 조상님들한테 벌 받은 거래요. 당신도 남들처럼 잇속도 좀 챙겨 가면서 눈치껏 처신했으면 이렇게까지는 안 됐을 거 아니에요. 이게 뭐예요? 이제 곧 오십인데, 애들 대학 학비는 어쩌고, 또 우린 늙어서 어떻게 살 거냐고요? 언제까지 대리 뛸 건데?"

아내는 설움이 복받쳐 끝내 눈물을 터뜨리고 말았다.

"아무리 힘들어도 그렇게 말하진 마. 우리 인생이 끝난 건 아니잖아. 이런 때일수록 믿는 사람으로서 하나님을 의지하면서 이겨내야지. 안 그러면 크리스천과 세상 사람이 다를 게 뭐야?"

"솔직히 난 뭐가 뭔지 모르겠어요. 크리스천으로 사는 게 과연 뭔지. 돈이 없으면 사람답게 살 수도 없는 이 세상에서 우리만 믿음 가지고 산다고 뭐가 달라져요? 교회에서도 당신이 회사에서 잘 못해서 쫓겨났다고 다들 수군거린다고요. 당신이 어떤 사람인지 누구보다 잘 아는 사람들이 어떻게 그럴 수가 있어요? 남보다 못해요! 어제는 구역장님이 교회에서 가난한 사람들한테 주는 구제비까지 타서 나한테 갖다 줬어요. 내가 어쩌다 이 지경이 됐는지… 정말 자존심 상해서 미치겠어요!"

"남의 말에 신경 쓰지 마. 다 시간이 해결해 줄 거야."

"어쨌든 난 당장 내일부터라도 나가서 돈 벌 거예요. 주방 보조든 뭐든 해서 우리 애들 학원 보낼 거라고요. 이렇게 사는 건 당신 하나로 족해요. 애들 앞길까지 망칠 순 없어요."

정환 씨는 더 이상 아무 말도 할 수 없었다. 믿음을 지키며 살았다고 자부했는데 지금 그는 암담한 현실 앞에서 점점 힘을 잃어 가고 있었다. 답답한 마음을 얘기할 곳도, 실제적인 도움을 받을 곳도 없는 그는 그저 두려움과 막막함에 휩싸여 무기력하게 주저앉아 있을 뿐이었다. 그에게 가장 힘든 것은 이런 현실이 앞으로 나아지리라는 소망이 없다는 것이다.

교회 안에 나타나는 부익부 빈익빈

나(김의수)는 재무 상담을 하면서 많은 크리스천들이 그리 큰 욕심 부리지 않으며 살아가는데도 재정적으로 고통 받는 경우를 많이 보았다.

그들은 어려운 현실 속에서도 믿음으로 승리하는 길을 찾고자 주일예배는 물론 수요예배, 철야예배에 참석해 열심히 기도하며 중보기도까지 받지만 상황은 쉽게 나아지지 않았다. 오히려 뜻하지 않게 가족이 아파서 급히 병원비가 필요하거나, 하던 일마저 꼬이면서 이전보다 더욱 곤궁해지는 경우를 많이 보았다. 그렇다고 가난한 사람만 돈 걱정을 하는 것이 아니다. 돈이 많은 사람들은 그들대로 걱정이 있다. 기본적으로 생활비가 많이 들어가는 데다, 사업을 확장하거나 투자를 하느라 늘 돈에 대한 압박을 받기 때문이다. 이렇듯 우리의 믿음은 현실 앞에서 참으로 무력하게 느껴질 때가 많다

돈이 지배하는 이 세상은 크리스천들에게 전쟁터와 같다. 우리는 수시로 하나님을 선택할 것인지, 돈과 성공이라는 우상을 선택할 것인지 갈림길에 선다. 돈과 성공의 골리앗 맘몬과 작은 다윗 크리스천이 영적 전쟁을 벌이는 것이다. 겉으로 보면 도저히 상대가 되지 않는 싸움이다. 물질만능주의의 세계적인 흐름을 개인의 노력으로 역행한다는 것은 연어가 물살을 헤치고 올라가는 것처럼 힘겨운 싸움이다.

성경은 말세에 가난한 사람은 더욱 가난해지고 부자는 더욱 부자가 되며 사람들은 자고(自高)하여 다른 사람을 돌아보지 않는다고 하였다. 1997년 IMF 외환위기를 기점으로 우리나라는 본격적으로 신자유주의에 편승했다. 그로 인해 '88만원 세대' 등 적은 임

금으로 힘들게 살아가는 비정규직 노동자들이 양산됐고, 공기업들이 효율성 추구라는 명분 아래 민영화되었다.

민영화로 높아진 비용은 국민 개인이 모두 감수해야 했다. 신자유주의는 자본의 이윤 추구를 극대화하는 세계화를 동반한다. 전 세계가 하나의 시장으로 통합되어 치열하게 경쟁하게 된 것이다. 기업도 세계적인 경쟁력을 가진 기업만 살아남고 개인도 부자들만 더 부자가 되는 부익부 빈익빈 현상이 전 세계적으로 가속화됐다. 거대 기업을 소유한 사람들, 거대 기업에서 일하는 사람들은 더욱 많은 부를 갖게 됐고, 가난한 사람들은 더욱 궁지로 내몰렸다.

부익부 빈익빈의 현상은 교회 안에서도 크게 나타났다. 같은 교회 청년부 안에서도 한쪽에서는 화려한 유학 생활에 대해 이야기하고, 다른 한쪽에서는 등록금이 없어서 휴학을 반복하며 아르바이트로 자신과 가정을 돌본 이야기를 한다. 빈부 격차가 세상 못지않게 교회 안에서도 여과 없이 드러나 가난한 성도들은 교회에서조차 위로 받지 못하고 도리어 상처를 입는다. 해외에 교회를 세우거나 우물을 파는 사업에는 수천만 원이 지원되는데, 가난으로 가정이 파괴되는 성도들의 삶은 각자가 해결해야 할 일이 되고 있다.

국가에서 안전을 지켜 주지 않으니 개인이 알아서 살아야 한다는 뜻에서 '각자도생(各自圖生)'이라는 말이 유행하듯, 하나님을 믿어도 가난의 어려움을 교회가 도와주지 못하니 교회 안에서도 각자도생해야 한다. 선교하는 것이 잘못되었다는 이야기도, 선교 대신 구제만 하자는 이야기도 아니다. 부익부 빈익빈 사회에서 약자들의 피난처이며 안식처가 되어야 할 교회가 요즘은 도리어 가난한 사람들로 하여금 상대적 박탈감을 느끼게 만드는 장이 되어 버린 것 같아 안타까운 마음에서 한 소리다. 개인의 통제 범위를 훨씬 넘어서 구조적으로, 세계적으로 가난한 사람을 더욱 가난하게 만드는 이 시대에 크리스천이 맘몬 앞에 무릎 꿇지 않기 위해서는 어떻게 살아야 할까?

축복의 여왕의 속사정

김복희 권사(가명, 58세)는 교인이 만 명 가까이 되는 대형 교회에서 축복의 여왕으로 통한다. 모든 면에서 완벽할 정도로 충족된 삶을 살고 있기 때문이다. 김 권사는 중견기업 사장인 남편 덕분에 오랫동안 경제적으로 탄탄한 부를 누리며 살았고, 믿지 않는 남편을 오랜 헌신과 기도로 전도해서 최근에는 장로 직분까지 받게 만들었다.

아들은 유학을 다녀와 대기업에서 일하면서 부잣집 딸과 결혼해 떡두꺼비 같은 손자를 안겨 줬다. 딸은 음악을 전공해서 유학을 다녀온 후 시립교향악단 단원으로 일하다가 중매로 만난 치과의사 신랑감과 결혼 날짜를 잡은 상태다. 남편은 장로 임직식 때 흔쾌히 2억 원의 헌금을 냈다. 지금까지의 임직식 헌금으로 단연 최고 금액이라서 많은 교인들이 놀라워했다.

김 권사는 십일조, 감사헌금은 물론이거니와 필리핀과 캄보디아에 우물을 파고 교회를 세우는 데 꾸준히 많은 돈을 헌금했고, 수

련회 등 각종 교회 행사에도 적지 않은 후원금을 내고 있다. 김 권사는 여선교회 회장뿐만 아니라 성가대 활동도 활발하게 하고 새벽예배도 빠지지 않고 참석한다. 성격도 너그럽고 좋아서 주변 사람들의 존경과 부러움을 한 몸에 받는다. 그야말로 크리스천으로서 더 이상 바랄 게 없는 복된 인생을 살고 있는 것이다.

"권사님, 어떻게 하면 저도 권사님처럼 축복을 넘치도록 받을 수 있을까요? 권사님은 믿음도 좋고, 애들도 좋은 짝 만나 잘 살고, 돈도 많고, 뭐 하나 빠지는 게 없잖아요."

성가대 휴식 시간에 김 권사의 성공적인 삶을 부러워하는 황 집사가 그에게 질문을 했다.

"무슨 소리야? 내가 무슨 축복을 받았다고 그래. 나는 한 게 아무것도 없어. 그저 모든 게 하나님의 은혜지."

"아유, 겸손하시긴. 하긴 권사님처럼 가질 거 다 가진 분이 새벽예배도 빠지지 않고 믿음 생활을 그렇게 열심히 하는데 하나님이 왜 복을 안 주시겠어요?"

"호호, 그런 소리하지 말고 황 집사도 기도만 열심히 해. 그럼 하나님이 다 들어주셔."

"글쎄요. 전 아무리 기도해도 안 들어주시는 것 같아요. 우리 애 서울대 못 갔잖아요. 그렇게 40일 작정기도에 새벽예배까지 사수하면서 기도했는데 왜 안 들어주셨는지 모르겠어요. 제 기도발이 약한 모양이에요."

"그런 게 어디 있어? 그러지 말고 산기도 한번 가 봐."

"산기도요?"

"그래. 난 중요한 일이 생길 때마다 기도원에 가서 금식하면서 하나님께 간절히 매달려. 그럼 거의 다 들어주시더라고. 우리 딸도 그렇게 기도하고 내려오니까 짝이 나타난 거잖아."

"아, 그게 비결이었구나! 이런 비법을 알려 주시다니 정말 감사해요."

"감사하긴. 그래서 다 함께 축복 받으면 좋은 일이지."

"권사님, 그런데요. 제가 이번에 권사 임직 받잖아요. 대체 얼마를 헌금해야 할지 고민이에요."

"글쎄… 그거야 자기 형편 되는 대로 해야지."

"그렇죠? 요즘 저희 남편 형편이 별로거든요."

"그래도 최선을 다해서 드려. 하나님은 수십 배로 갚아 주시는 분이잖아. 나도 우리 남편 처음 사업할 때 어려운 시기도 있었는데, 눈 딱 감고 크게 건축헌금도 하고 그러니까 하나님이 다 채워 주시더라고."

"알겠어요. 조언해 주셔서 감사해요, 권사님."

하지만 김복희 권사가 황 집사에게 말하지 못한 사실이 있었다. 김 권사는 그동안 남편의 외도 때문에 얼마나 속을 썩이며 눈물을 흘려야 했는지 아무에게도 말하지 않았다. 며느리가 산후 우울증을 심하게 앓고 있고, 아들과 성격이 맞지 않아서 이혼하느냐 마느냐로 갈등하고 있다는 사실도 가족끼리 쉬쉬하고 있었다. 딸과 결혼할 사윗감이 병원을 개업하는 데 목돈을 요구하고 있다는 사실도 말하지 않았다. 요즘 남편의 사업이 예전만큼 잘되지 않아서 자금 압박을 받고 있다는 사실도 말하지 않았다. 김복희 권사는 교회에서 누리고 있는 축복의 여왕이라는 최고의 명예에 오점을 남기고 싶지 않았다. 그것이 자신이 살아가는 가장 중요한 이유가 되어 버렸기 때문이다.

"요셉처럼 다니엘처럼 자라게 해 주세요"

예수님은 제자들에게 기도하는 법을 알려 주시며 "오늘 우리에게 일용할 양식을 주시옵고"(마 6:11)라 기도하라고 가르치셨다. 그런데 우리는 일용할 양식을 넘어서 한 달, 일 년, 평생 먹을 것과 원하는 것을 탐욕으로 구하곤 한다. 특별새벽기도, 작정기도, 산기도, 금식기도 등 하나님께 매달리는 기도는 자칫 성황당이나 뒷마당에서 정화수를 떠 놓고 "비나이다, 비나이다" 치성을 하던 기복신앙으로 변질될 수 있다.

'기도의 분량이 차야 한다'거나 '불의한 재판관도 귀찮도록 떼쓰면 듣는다'는 이야기가 내 정성을 보고 복을 달라고 하나님께 떼를 쓰는 기도를 드리는 근거가 되어서는 안 된다. 물론 자신의 어려운 상황을 하나님께 고하고 도움을 간구하는 것은 크리스천으로서 당연한 권리다. 문제는 자신의 육적인 필요에만 집중한 나머지 하나님의 영적인 세계를 놓칠 수 있는 것이다.

구하라 그러면 너희에게 주실 것이요 찾으라 그러면 찾아낼 것

이요 문을 두드리라 그러면 너희에게 열릴 것이니 눅 11:9

크리스천들이 가장 사랑하는 구절이 아닐까 싶다. 이 말씀을 붙잡고 수많은 크리스천들이 울며 기도했을 것이다. 휘두를 때마다 원하는 것이 쏟아지는 도깨비 방망이처럼 간절히 구하면 하나님께서 다 이루어 주실 거라고 믿으면서. 하지만 예수님께서는 우리에게 분명한 단서를 달아 놓으셨다. 우리는 그 단서를 쉽게 생각하거나 그냥 지나칠 때가 많지만 말이다.

> 그런즉 너희는 먼저 그의 나라와 그의 의를 구하라 그리하면
> 이 모든 것을 너희에게 더하시리라 마 6:33

> 너희가 내 안에 거하고 내 말이 너희 안에 거하면 무엇이든지
> 원하는 대로 구하라 그리하면 이루리라 요 15:7

> 너희 하늘 아버지께서 구하는 자에게 성령을 주시지 않겠느냐
> 눅 11:13

많은 크리스천이 성경의 어느 한 구절만을 떼어서 개인의 성공에 유리한 방식으로 해석하거나 가르치는 경우가 종종 있지만 주님이 구하라고 하신 것은 세상의 물질이나 성공이 아니다. 하나님은 물질의 많고 적음이나 성공 여부가 아닌, 우리의 중심을 보신다.

성공해서 모은 많은 물질을 선한 일에 씀으로써 하나님께 영광 돌리는 것보다 더 중요한 것은 오직 주님만 바라고 구하며 사는 것이다. 크리스천의 무기는 물질적 축복을 받는 것이 아니라 어떤 환경 속에서도 자족할 힘을 갖는 것이다. 그러면 두려움이 없어진다. 두려움은 사탄이 넣어 주는 생각이며, 세상의 모든 비극은 두려움에서 시작된다.

구약에는 요셉과 다윗, 다니엘 등 성공한 인물들이 여럿 등장한다. 하지만 이들은 성공했기 때문이 아니라, 어떤 어려움 속에서도 주님만을 의지한 믿음과 예수 그리스도의 그림자로서 성경 안에서 의미가 있다. 예수님의 모습보다 이들의 성공이 부각되는 것은 성경의 참뜻이 아니다. 우리는 자녀들이 요셉처럼 다니엘처럼 한 나라를 이끌 만큼 크게 성공해서 하나님의 영광을 세상에 드러내길 원한다고 하지만, 그 속에 우리의 욕심이 있음을 부인하지 못한다. 자녀가 요셉처럼 종으로 팔려 가고 옥에 갇히게 해 달라고 기도하진 않을 것이기 때문이다.

부모가 자녀를 위해 가장 먼저 해야 할 기도는 부모가 먼저 성령으로 가득 찬 삶을 살게 해 달라고 간구하는 것이다. 그 기도가 이루어진다면 자녀에 대한 기도는 저절로 이루어진다. 주님이 거하시는 가정 안에서 자녀는 천국을 누리며 살 수 있기 때문이다.

나의 가장 큰 기도 제목이었던 큰딸

내(김의수) 인생에서 가장 큰 기도 제목은 언제나 큰딸 희은이였다. 장애아로 태어난 희은이를 안고 나는 아버지로서 할 수 있는 모든 방법을 동원해서 희은이를 고쳐 보려고 애썼다. 치유 사역에도 열심히 쫓아다니고 기도원에도 여러 번 갔다. 하지만 희은이는 나아지지 않았다. 어느 순간, 우리 부부는 희은이를 고치려는 소망을 내려놓았다. 그리고 희은이의 있는 모습 그대로 감사하며 살기로 결정했다.

의사는 태어나서 6개월을 넘기지 못할 거라고 했지만 희은이는 스무 해 동안이나 우리 곁에 머물다가 하나님 곁으로 떠났다. 건강이 악화되어 1년 동안 중환자실을 내 집 드나들듯 다녀야 했고 음식 섭취가 힘들어 위를 뚫어서 영양분을 공급하는 위루술도 시술했다. 사투를 벌이는 희은이 곁에서 나는 딸을 위해 눈물로 간절히 기도했다. 하지만 희은이의 건강은 끝내 회복되지 않았다.

희은이는 퇴원해서 6개월 동안 가족과 함께 지내다가 어느 날 잠자듯 평안한 모습으로 우리 곁을 떠났다. 희은이의 생명이 하나님 손에 있음을 의심치 않았기에 희은이가 떠난 것도 감사함으로 받아들일 수 있었다. 더 이상 고통 받지 않고 영원한 쉼으로 떠난 딸을 잘 보내는 것이 나의 마지막 할 일이라고 믿었다. 희은이가 살아 있는 동안 아내와 나는 최선을 다했다. 그래서 아쉬움 없이 희은이를 보낼 수 있었는지도 모르겠다.

우리의 기도가 모두 응답되기를 바라는 것은 오만이다. 어디에도 기댈 데가 없을 때 주님께 간절히 기도하는 것은 크리스천으로서 마땅히 해야 할 일이다. 하지만 기도에 대한 보상이나 자신이 원하는 결과만을 바란다면 그것은 올바른 기도가 아니다.

하나님은 물론 우리의 기도에 응답해 주신다. 하지만 하나님의 방법대로 하신다. 우리가 원하는 방식대로가 아니다. 주님께 무조건 달라고만 하는 신앙은 어린아이의 신앙과도 같다. 나는 천국에서 희은이와 다시 만날 것을 믿어 의심치 않는다. 어떤 모습으로 만나게 될지 알 수 없지만, 나는 희은이를 꼭 알아볼 거라고 믿는다.

3 공동체에
  답이 있다

성경에서 말하는 축복의 의미

하나님께서는 우리에게 많은 복을 허락하셨다. 하지만 하나님이
말씀하시는 복과 우리가 생각하는 복은 그 의미가 약간 어긋나 있
는 것 같다. 예를 들어 구약을 살펴보면 하나님이 말씀하시는 축복
에는 개인이 아니라 공동체적인 의미가 많이 포함되어 있다.

> 내가 네게 큰 복을 주고 네 씨가 크게 번성하여 하늘의 별과 같
> 고 바닷가의 모래와 같게 하리니 네 씨가 그 대적의 성문을 차
> 지하리라 또 네 씨로 말미암아 천하 만민이 복을 받으리니 이
> 는 네가 나의 말을 준행하였음이니라 하셨다 하니라 창 22:17-18

성경 속 인물 중에서 하나님의 축복을 가장 크게 받은 사람하면
아브라함을 꼽을 수 있다. 그런데 아브라함에게 하나님이 하신 약
속을 살펴보면 아브라함 한 사람이 아닌 아브라함의 후손인 천하
만민을 향한 복을 말씀하고 계신다. 모세에게는 젖과 꿀이 흐르는

약속의 땅 가나안을 주겠다고 말씀하시지만 그 역시 모세 한 사람이 아니라 이스라엘 백성 전체를 향한 말씀이었다. 구약성경에 나오는 축복은 개인이 아니라 공동체에 부어 주시는 의미가 크다는 것을 알 수 있다. 축복의 내용 또한 보물이나 물질이 아니라 땅 자체가 핵심이다.

민수기 27장을 보면 슬로브핫의 다섯 딸들이 모세와 온 회중 앞에 서서 '아들이 없다고 우리 아버지의 이름이 그의 종족 중에서 삭제되지 않도록(4절) 기업을 달라'고 호소하는 이야기가 나온다. 하나님은 딸들의 말이 맞다시며 모세에게 슬로브핫의 형제들이 슬로브핫의 몫을 다섯 딸들에게 넘겨주도록 하라고 명하신다. 그리고 슬로브핫의 딸들을 비롯해 기업을 받은 딸들은 자기 조상 지파의 종족과 결혼해서 땅을 대대로 같은 종족에게 물려주도록 하셨다. 아울러 희년 제도를 만들어 피치 못할 사정으로 땅을 팔았더라도 가나안으로 들어간 지 50년째가 되는 해에 땅을 원 소유자에게 돌려줄 것을 명하셨다. 공동체의 축복이 곧 개인의 축복으로 통하는 것은 구약 시대 이스라엘 백성의 생활 방식과 무관하지 않을 것이다. 그럼에도 우리는 공동체적 축복의 의미에 관심을 둘 필요가 있다. 바울은 로마서에서 모든 믿는 사람은 한 몸이라고 말했다.

> 이와 같이 우리 많은 사람이 그리스도 안에서 한 몸이 되어 서로 지체가 되었느니라 롬 12:5

사도행전 10장에서 하나님은 베드로에게 환상을 통해 이방인인 고넬료에게 말씀을 전하도록 명하신다. 이스라엘 백성들이 부정하다고 생각해 먹지 않던 네 발 가진 짐승과 기는 것들, 공중에 나는 것들을 잡아먹으라고 보여 주시면서 말이다. 그것은 이스라엘 백성들이 부정하게 생각했던 무할례자인 이방인들에게도 하나님이 축복과 은혜를 내리시겠다는 표징이었다. 이후 이스라엘 백성에게만 주어졌던 구원의 말씀이 이방인에게도 전해지고 그들에게 성령이 임하는 놀라운 사건이 벌어졌다. 그것은 우리 같은 이방인들도 이스라엘 백성처럼 택한 백성의 길에 서게 되는 하나님의 축복과 은혜의 시작이었다. 예수 그리스도 안에서 우리 모두가 한 몸이 될 수 있도록 문을 여신 거룩한 사건이었다.

초대교회에서도 역시 공동체적인 삶을 중요시했다.

> 믿는 무리가 한마음과 한뜻이 되어 모든 물건을 서로 통용하고
> 자기 재물을 조금이라도 자기 것이라 하는 이가 하나도 없더라
> … 그중에 가난한 사람이 없으니 이는 밭과 집 있는 자는 팔아
> 그 판 것의 값을 가져다가 사도들의 발 앞에 두매 그들이 각 사
> 람의 필요를 따라 나누어 줌이라 행 4:32-35

한 몸을 이룬 초대교회 교인들은 서로 재물을 나누며 살았다. 하나님께서는 개인을 넘어 믿음의 공동체가 한 몸을 이루어 서로 사랑하고 보살피기를 원하셔서 축복을 부어 주시는 것이다. 더 나아

가 믿지 않는 가난한 사람들에게도 축복이 흘려보내지기를 원하신다. 예수님이 율법 전체를 요약하신 두 계명 '하나님을 사랑하는 것과 이웃을 사랑하는 것'을 강조하신 것도 결국 같은 맥락에서 해석할 수 있다. 혼자 부를 축적하지 않고 가난한 이웃과 나누는 것은 우리의 선택이기에 앞서 하나님의 명령이다.

장애아 딸을 온몸으로 환영해 준 교회 공동체

장애를 가진 딸을 키운 나(김의수)와 아내에게 가장 큰 힘이 된 곳은 바로 믿음의 공동체인 교회였다. 고향인 부산을 떠나 서울에 올라온 내가 자리 잡은 교회는 김서택 목사님께서 담임하셨던 제자들교회였다. 희은이를 데리고 처음 교회에 갔을 때 받았던 감동을 나는 지금도 잊을 수가 없다. 목사님을 비롯한 온 교인이 진심으로 희은이를 반겨 주었기 때문이다. 사실 부산에서 큰 교회에 다닐 때는 희은이를 보는 교인들의 어두운 시선 때문에 몹시 부담스러웠다. 간혹 친분이 있는 권사님은 희은이를 보며 측은한 표정으로 혀를 찼다.

"아이구, 어쩌냐… 기도할게. 힘내."

하지만 정작 그런 말은 우리에게 힘이 되어 주지 못했다. 일반적인 교회는 장애인을 대하는 훈련이 제대로 되어 있지 않은 경우가 많다. 심하게는 저주와 불행의 상징으로 여기기도 한다. 하지만 200명이 채 되지 않는 제자들교회 교인들의 반응은 달랐다.

아무도 희은이를 측은하게 보는 사람이 없었고, 모두들 약속이라도 한 듯 즐겁고 밝은 표정으로 맞아 주었다. 어른, 아이 가릴 것 없이 진심으로 희은이를 사랑하고 축복해 주었다. 그들의 눈에 희은이는 불쌍한 장애아가 아니라 함께 사랑을 나눌 공동체의 일원이었다. 아이들은 희은이가 탄 휠체어를 끌고 교회 여기저기를 데리고 다니며 놀아 주었다. 희은이도 마냥 즐거워했다. 주일학교 친구들은 고사리 같은 손으로 손수건을 들어 희은이의 흐르는 침을 닦아 주었다. 예전에 다니던 교회에서는 상상도 할 수 없는 광경이었다. 희은이의 장애는 더 이상 슬픈 상처나 저주가 아니었다. 희은이는 그 존재 자체로 사랑받기에 충분한 하나님의 자녀임을 온 교인이 몸으로 말해 주고 있었다.

1년 후 목사님은 온 교인이 보는 앞에서 아내에게 감사패를 주셨다. 그것은 지난 1년 동안 교회에서 가장 수고한 사람에게 주는 감사패였다. 목사님은 희은이 엄마가 희은이를 키우느라 우리 중에서 가장 영광된 1년을 보냈다고 말씀하시며 축복하셨다. 모든 사람이 그 말씀에 동의하며 박수를 쳐 주었다. 아내는 그날 교인들로부터 가장 소중한 선물을 받았다. 믿음의 식구들로부터 지금 주님 안에서 잘 가고 있다는 격려와 인정을 받은 것이다. 그 순간 아내의 고단한 슬픔이 눈 녹듯이 사라졌음을 나는 안다.

교회 공동체의 나눔, 지목헌금

우리 부부는 교회 공동체로부터 물질적인 도움도 많이 받았다. 우선 목사님은 나의 딱한 처지를 아시고 청년부 간사라는 직책을 맡게 하셔서 월 40만 원을 지원해 주셨다. 그 돈은 아무리 열심히 벌어도 80만 원을 넘기기 힘들었던 내게 매우 큰 금액이었다. 목사님은 신학 공부를 생각하고 있는 나에게 희은이 키우는 게 신학이라며 만류하셨다.

나는 학생 시절 하나님께 서원한 게 있어서 마음에 걸렸는데, 목사님은 하나님은 그런 약속을 안 지킨다고 벌주시는 분이 아니라며 나의 신앙관을 바로잡아 주셨다. 지금 생각하면 참으로 감사한 조언이었다. 힘든 자녀양육을 아내에게 맡겨 놓고 나 혼자 신학을 하겠다고 공부를 시작했다면 우리 가정은 어떻게 됐을지 생각만 해도 아득해진다.

우리 교회에는 지목헌금이라는 것이 있다. 어려운 이웃을 지목해서 헌금하는 것이다. 누가 주는지 알 수 없기 때문에 받는 사람이 부담을 갖지 않을 수 있었다. 어느 날 갑자기 희은이가 경기를 하면서 중환자실에 입원하는 상황이 생겼다. 병원비는 350만 원이었다. 우리로서는 상상할 수 없을 만큼 큰돈이었다. 아픈 딸을 앞에 두고 병원비를 낼 수 없는 가난한 아빠인 나는 기도밖에 딱히 할 수 있는 게 없었다. 까마득한 벼랑 끝에 서 있는 느낌이었다. 그때 교인들이 우리의 딱한 사정을 알고 지목헌금을 해 주었다. 형편이 우리처럼 어려운 교인들도 많았는데 십시일반으로 정성을 다해 우리를 도와주었다. 350만 원은 그렇게 채워졌다. 가난한 우리 부부에게 홍해가 갈라지는 것 같은 기적이었고, 눈동자같이 우리를 지키시는 하나님의 손길이었다.

"수고하고 무거운 짐 진 자들아 다 내게로 오라 내가 너희를 쉬게 하리라"(마 11:28) 하셨던 예수님의 말씀이 예수님의 몸인 교회를 통해서 이루어지는 순간이었다. 우리 부부는 그 안에서 힘을 얻고 안식할 수 있었다. 지금까지 20년이 넘는 세월 동안 공동체 식구들과 함께 삶을 나누며 살아가고 있다. 요즘도 지목헌금은 꾸준히 이루어지고 있다. 다행히 주님이 축복하셔서 우리 부부가 다른 교인들에게 은혜를 갚는 마음으로 지목헌금을 드릴 때가 많으니 감사할 따름이다.

형제보다 진한 공동체 사랑

2000년 조양빌라에서 전세로 살 때의 일이다. 어느 날 우리 가족에게 큰 문제가 생겼다. 전셋값이 갑자기 1500만 원이나 오른 것이다. 2700만 원에 살던 빌라였으니 1.5배 가까이 오른 셈이었다. 우리 힘으로는 도저히 해결할 수 없는 큰돈이었다. 당시에는 전셋값이 전체적으로 올라서 갖고 있는 돈으로는 다른 집을 찾기도 쉽지 않았다. 아픈 희은이를 데리고 더 허름한 집으로 이사해야 한다고 생각하니 암담하고 슬펐다. 우리는 막막한 심정으로 기도할 수밖에 없었다. 양가 부모님께 도움을 청할 수 있는 상황도 아니었기에 그저 주님께 매달리는 수밖에 다른 방법이 없었다.

그때 같은 교회 지체로서 가깝게 지내던 선배 집사님이 우리의 형편을 알고 도움의 손길을 내밀었다. 그는 다니던 직장에서 3% 직원 대출을 내서 오른 세입비를 대 주었다. 그 가정도 넉넉지 않은 형편이었기에 우리의 놀라움과 감사함은 말로 표현할 수가 없었다. 우리의 힘든 상황으로는 그 돈을 언제 갚을 수 있을지 알 수도 없었다. 그로서는 큰 모험을 한 것이다. 게다가 그 가정은 5% 이자로 빚을 내서 6500만 원에 전세를 살고 있었으니, 자신보다 더 좋은 조건으로 이웃에게 빚을 내 준 것이다.

친형제 간에도 쉽게 할 수 없는 나눔이었다. 세상적으로는 도저히 이해할 수 없는 일이겠지만, 공동체였기에 가능한 일이었다. 간혹 희은이가 갑자기 경기를 해서 급하게 병원에 가야 할 때면 아내는 그 가정에 작은딸 민수를 맡기곤 했다. 그분들은 오랫동안 우리의 좋은 이웃으로서 민수를 키우다시피 잘 돌보아 주셨다. 우리가 어려운 시기를 이겨 낼 수 있었던 것은 이런 공동체의 사랑 덕분이 었다. 감사하게도 선배 집사님으로부터 빌린 돈은 우리 가정의 형편이 나아지면서 6년 후에 갚을 수 있었다. 최근에는 우리가 그분들에게 도움을 주는 일도 생겼다. 그분들에게 받은 은혜를 갚을 수 있는 기회가 생겨서 아내와 나는 기쁘고 감사했다.

나는 이 시대를 살아가는 우리 크리스천들에게 교회 공동체의 힘이 꼭 필요하다고 믿는다. 특히 맘몬의 세력이 득세하는 세상으로부터 우리의 믿음을 지키기 위해서는 공동체의 도움 없이는 불가능하기 때문이다.

로마의 압제를 피해 데린쿠유 지하 도시에서 끝까지 살아남았던 기독교인들이 결국 로마 자체를 기독교 국가로 변화시킨 것처럼 우리의 작은 공동체들이 모여서 믿음을 지켜 나가는 것이 지금 우리가 할 일이라고 믿는다. 우리의 작은 믿음 하나가 우리 가족과 우리 공동체, 더 나아가 우리나라를 구할 수 있으리라 믿는다.

삶으로 예수님의 사랑을 전하는 공동체

나(데이비드 서)는 조직원들이 신나게 일하는 회사를 만들고 싶다. 조지메이슨대학원에서 조직 관리를 공부하며 사람들이 하루 중 가장 오랜 시간 머무는 직장을 천국으로 만들면 좋겠다는 마음에서 시작된 비전이었다. 직원들 한 사람 한 사람의 잠재된 역량을 계발하여 삶에 의미와 활력을 찾게 해 주고 동시에 직장에서 꼭 필요한 인재가 될 수 있도록 돕는 회사, 그러면서도 효율적으로 조직을 운영해서 직원들이 즐겁게 일할 수 있는 회사를 만들고 싶었다.

하나님이 세상을 만드실 때 모든 만물에 고귀한 의미를 담아 주신 것처럼 각 사람이 회사의 소모품이 아닌 자신의 정체성을 갖고 일할 수 있는 회사 말이다. 그렇게 된다면 직원도 살아나고 결과적으로도 노동 효율성이 높아져서 기업에도 이익이 되리라 생각한다.

이런 꿈을 가지고 작은 회사를 만들었고, 첫 직원을 뽑았다. 마이클이라는 미국인이었는데, 내가 세종대학교 MBA코스에서 가르치던 학생이었다. 미국인 치고는 작은 체구와 선한 인상을 가진 마이클은 한국에 와서 어학원 강사를 하고 있었는데 소극적인 성격 때문에 매사에 자신감이 부족했다. 무역업을 해 보고 싶었던 마이클은 무역 회사에 취직했지만 일만 실컷 하고 월급도 제대로 받지 못했다.

나와 상담한 후 마이클은 그 회사를 그만두고 나와 함께 일하고 싶다고 했다. 처음엔 인턴으로 시작했지만 시간이 지날수록 우리는 서로 깊이 신뢰하는 사이가 됐다. 프로젝트를 할 때 나는 마이클과 함께 손을 잡고 기도했다. 기독교인이 아닌데도 마이클은 거부하지 않고 잘 따라 주었다. 나는 내 수입의 일부를 쪼개서 마이클에게 월급을 줬다. 그 당시 나의 형편이 넉넉하지 않아서 많이 주진 못했지만, 마이클도 어학원에서 시간제로 일하고 있었기 때문에 생활하기에는 충분했다.

나는 마이클이 잠재력을 발휘할 수 있도록 꾸준히 코칭을 병행

했다. 또한 업무를 처리할 때 할 수 있는 한 마이클에게 전권을 주어 스스로 결정하도록 유도했다. 마이클은 점점 자신감을 갖게 되었고, 업무 능력도 향상됐다. 우리의 프로젝트가 모두 끝난 후 마이클은 미국으로 돌아갔다. 마이클은 현재 샌프란시스코에서 좋은 직장을 구해 능력을 인정받으며 일하고 있다. 얼마 전에는 승진해서 연봉이 두 배로 올랐다며 기뻐했다. 나와 화상 채팅을 할 때마다 마이클은 늘 한국을 그리워하며 나를 만난 것이 가장 큰 행운이었다며 고마워한다. 하지만 나는 마이클의 마음을 치유하신 분이 하나님이셨음을 안다.

나는 마이클을 통해서 전도에 대한 새로운 개념을 갖게 됐다. 전도는 말로 예수님을 전하는 것이 아니라, 삶을 통해서 하나님의 사랑이 상대방에게 전해지는 것임을 깨달았다. 공동체란 큰 개념으로 본다면 나와 다른 누군가의 관계가 있는 곳이다. 그곳이 가정이든 직장이든 사회든 교회든 우리는 다른 사람과 관계를 맺으며 공동체를 이룬다. 그러므로 어떤 공동체든 간에 그 안에서 구성원 개인의 삶을 통해 예수님의 사랑이 흘러갈 때 예수님은 머리가 되시고 우리는 몸이 되어 전체가 하나 될 수 있다고 믿는다.

공동체에서 나눔이란

2015년 나는 컨설턴트로서 한 대형 신규 프로젝트를 맡게 되면서 큰 수익을 올릴 수 있었다. 높은 컨설팅 수수료를 받는 만큼 주중에는 매일 출근해서 아침부터 밤늦게까지 열심히 일해야 했다.

그런데 한 가지 문제가 생겼다. 이미 세종대학교에서 '성경적 경영'이라는 과목을 강의하기로 약속이 되어 있었는데, 갑자기 프로젝트가 생기면서 업무 시간과 금요일 강의 시간이 겹치게 된 것이다.

오래전부터 관심을 가져 온 분야라서 새로운 강의에 대한 기대가 있었다. 이 문제를 어떻게 해결해야 할지 고민하다가 나는 이 프로젝트를 주신 분이 하나님이심을 기억했다. 그래서 하나님께 모든 것을 맡기는 마음으로 계약서 맨 뒤에 일주일에 하루 금요일 오후 수업에 대한 양해를 구하는 문서를 첨부했다. 사실 일반적으로 생각하면 상식적이지 않은 행동이었다. 비싼 돈을 주고 내 시간을 사는 그들에게 손해를 감수하게 하는 것이기 때문이다. 까다로운 클라이언트라면 그 행동 하나로 계약이 백지화될 수도 있는 상황이었다. 하지만 놀랍게도 담당 임원이 크리스천인 덕분에 계약은 무사히 성사되었고 컨설팅과 함께 강의도 할 수 있게 되었다.

이 과정에서 나는 프로젝트 계약 때부터 하나님이 일하셨음을 알았고, 따라서 이 프로젝트의 수입은 나 혼자만 가져선 안 된다고 생각했다. 그래서 기도하며 방법을 찾던 중 도움을 주고 싶은 몇몇 믿음의 지체들을 사무실로 불러 모았다.

마음이 움직이는 대로 다 모으고 보니 다섯 명 정도가 됐다. 나는 그 당시 교회가 있는 상가 건물에 개인 사무실을 임대해서 사용하고 있었다. 그래서 일단 그곳에서 나는 계약업체에 출근해서 일을 해야 하므로 각 사람에게 알맞은 업무를 주고 자율적으로 일하도록 했다. 근무 시간도 각자 편한 시간을 정하도록 했다. 그중 한 사람은 믿음이 깊어서 특별히 다른 이들의 영적 성장을 돕는 일을 하도록 했다.

그 당시 아내는 나의 행동을 도무지 이해하지 못했다. 아내의 시각에서 보면 딱히 일도 없는데 월급을 주기 위해 억지로 일을 만들어 사람들을 고용한 것처럼 보였기 때문이다. 더구나 아내는 신규 프로젝트로 수입이 늘었어도 내가 생활비를 더 올려 주지 않아 서운해 했다. 하지만 나는 수입이 늘었어도 일정한 금액으로 사는 습관이 우리 삶에 꼭 필요한 훈련 과정이라고 믿었다. 그래서 생활비를 더 올리지 않았을뿐더러 나 역시 커피 한 잔을 사더라도 낭비하지 않으려고 신중하게 돈을 썼다.

인생을 살다 보면 하나님께서 부어 주시는 7년 풍년이 있는가 하면, 이상하게 공급이 막히는 7년 흉년이 올 수 있다. 풍년의 시기에 마음 놓고 지출을 하면 흉년의 시기를 이겨 낼 수 없다. 그래서 늘 일정한 소비 습관이 중요하다. 일정 금액 안에서 자족하고 감사하면서 살면 돈이 아무리 많아도 쓸데없는 낭비를 하지 않게 된다. 그리고 여윳돈은 필요한 이웃에게 흘려보내면 된다. 아예 처음부터 내가 쓸 돈과 나눌 돈을 분리하면 더 잘 사용할 수 있다.

나중에 돈이 생기면 헌금을 하거나 가난한 사람을 돕겠다고 말하는 사람들이 있다. 하지만 적게 벌 때부터 하지 않으면 나중에 돈이 생겨도 또 쓸 일이 생긴다. 지금 내가 가진 것이 적어도 나눌 수 있어야 나중에 큰 금액이 생겼을 때도 나눌 수 있다.

돈을 흘려보낼 때는 그 돈이 내 돈이라고 생각하면 안 된다. 오로지 하나님이 주신 것을 하나님의 뜻에 따라 흘려보내는 역할을 수행한다고 생각해야 한다. 내 돈을 내가 쓴다고 생각하면 생색내게 되고 자기 의가 고개를 쳐든다. 아무리 큰 선행을 해도 자기 의로 하게 되면 그 행위로 미끄러진다. 자기 의는 겸손으로 포장된 교만과도 통한다. 중심을 보시는 하나님은 교만한 자를 미워하신다. 모든 죄가 내 힘으로 할 수 있다는 교만에서부터 시작되기 때문이다.

나도 내가 꿈꾸는 비전이나 목표들이 자기 의에 기반한 것인지 하나님이 주신 마음인지 헷갈릴 때가 있다. 그래서 구분의 기준으로 삼는 것이 '그것을 포기하거나 무(無)로 돌릴 때 내 마음이 어떤가?'하는 질문을 해보는 것이다. 하나님으로부터 온 것이라면 내가 추진하던 것이 이루어지지 않아도 아무런 아쉬움이나 서운함이 없다. 오로지 가라고 하시면 가고 서라고 하시면 설 뿐이다. 그러나 내 의로 하려던 것이면 아쉬움과 서운함이 밀려온다. 이런 식으로 나의 마음을 점검하면 실수를 줄이는 데 도움이 된다.

나의 작은 공동체

유유상종이라는 말처럼 주님 안에서 돈 걱정 없이 살고자 하는 크리스천은 같은 뜻을 가진 친구들을 곁에 둘 필요가 있다. 그것이 교회 공동체일 수도 있고, 사적인 모임일 수도 있다. 가장 중요한 것은 같은 신앙관을 가진 사람들이어야 한다는 것이다. 뭔가 문제가 생겼을 때 누구를 찾아가느냐에 따라 이미 답이 결정되는 경우가 많다.

남편의 복잡한 여자관계 때문에 고민하는 사람이 있다고 가정해 보자. 그녀가 어떤 친구들에게 가서 마음을 털어놓느냐에 따라서 전혀 다른 결론을 얻게 된다. 일반적인 여자 친구들 그룹에 가서 그 문제를 털어놓는다면 아마 대부분이 그런 꼴을 보면서 왜 참고 사느냐며 이혼하라고 종용할 것이다. 하지만 우리들교회 같은 목장에서 털어놓는다면 남편이 아내가 하나님 앞에서 겸손해지도록 수고해 준다고 생각하고 말씀만 붙잡고 살아가라는 기이한(?) 조언을 받게 될 것이다.

외부 사람의 시각에서 보면 그런 조언을 주고받는 이들이 머리가 이상하다고 생각할 수밖에 없다. 하지만 그것이 세상의 방식과 하나님 방식의 차이다. 어떤 공동체에 소속되어 있느냐는 한 사람의 삶의 방향을 정하는 데 매우 중요하다.

앞서 말했듯이 돈 걱정 없는 크리스천으로 살기 위해서는 세상과의 영적 전투를 피할 수 없다. 우리는 돈이 아닌 하나님께 초점을 맞춰서 이 세상을 살아 내는 사람들이다. 전투는 혼자 하지 않는다. 같은 편이 있어야 적의 공격에 맞서 싸울 수 있다. 각자가 자신의 삶을 살지만 주변에 같은 길을 걸어가는 동지가 있으면 든든하다. 돈의 영향력에서 벗어나 자유롭게 살기 위해서는 하나님의 방식으로 살아가는 것을 지원해 줄 공동체가 필요하다.

우리 부부가 소중하게 여기는 작은 공동체가 있다. 우리 외에 두 가정이 함께하는 오래된 모임이다. 한 가정은 30대 부부로 가평 쪽에서 떡볶이와 닭꼬치를 파는 포장마차를 하고 있다. 남편이 찬양 인도를 하는 가수이기도 하다. 노래를 잘하고 기타를 잘 쳐서 우리는 그의 찬양을 들으며 은혜를 받곤 한다. 또 다른 가정은 청담동에서 사업을 하다가 부도가 나서 한동안 대리기사를 하다가 최근에 세탁 편의점을 개업했다.

우리는 모이면 진솔하게 서로의 삶을 나누고 신앙적인 문제들을 의논한다. 비록 나이 차이는 있지만 가족보다 가까운 친구로 느껴지는 이유는 가족에게 할 수 없는 고민들을 털어놓을 수 있기 때문이다. 우리는 어떤 모습이든 창피해하지 않고 내보이고 어떤 이야기든 항상 주님께 초점을 맞추어 나눈다.

주로 부부가 함께 모이기 때문에 자연스럽게 부부 문제도 상담할 수 있다. 부부끼리 이야기하면 언성이 높아질 수 있는 내용도 함께 나누다 보면 각자의 입장에서 한 걸음 물러나 객관적으로 이해할 수 있고, 비슷한 성격을 가진 다른 이가 더 잘 이해해 주고 공감해 줘서 분위기가 좋아진다. 그렇다 보니 우리는 한 번 만나면 보통 새벽까지 이야기를 나누게 된다. 잠시 혼란스러웠던 문제들도 다른 이들의 의견을 경청하고 되돌아보면 명쾌하게 풀리는 경우가 많다. 그럴 때마다 우리는 우리 모임에 함께하시는 하나님을 찬양하게 된다. 그리고 이런 모임을 갖고 있는 것에 감사하게 된다.

크리스천은 각자 사는 모습은 달라도 그 내면을 살펴보면 결국 세상과 신앙 사이에서 영적 전투를 치열하게 벌인다는 공통점이 있다. 공동체 안에서 각자의 사정을 나눌 때 우리는 나 혼자만 외롭게 전쟁을 치르는 것이 아님을 알고 서로에게서 큰 힘을 얻는다. 나는 이것이야말로 예수를 중심에 둔 공동체가 가진 힘이라고 믿는다. 한 겹줄은 쉽게 끊어지지만 세 겹줄은 결코 끊어지지 않기 때문이다.

한 사람이면 패하겠거니와

두 사람이면 맞설 수 있나니

세 겹 줄은 쉽게 끊어지지 아니하느니라

전 4:12

나의 삶 돌아보기

Q 교회나 주변에 돈이 많아서 부러운 사람이 있습니까? 그 사람과 비교했을 때 초라함을 느낍니까?

Q 교회에서 가난한 사람을 보면 하나님의 축복을 못 받았다고 느낍니까? 당신이 생각하는 하나님의 축복은 어떤 것입니까?

Q 살면서 어떤 때 더 힘이 듭니까? 생활비가 없을 때입니까? 아니면 하나님에 대한 믿음이 떨어졌을 때입니까? 하나님과 맘몬을 둘 다 섬길 수 없다는 성경 말씀을 당신은 어떻게 받아들이고 있습니까?

Q 최근 일주일 동안 당신의 기도 제목은 무엇이었습니까? 5개만 적어 보세요. 이중에 기복적인 기도 제목이라고 볼 수 있는 것은 무엇입니까?

Q 재정적인 어려움이나 믿음과 돈에 관한 갈등에 대해 마음을 나눌 수 있는 믿음의 공동체나 믿음의 지체가 있습니까?

Q 돈을 많이 벌게 되면 가난한 이웃을 돕고 싶다는 생각을 한 적이 있습니까? 지금 당장 실천하고 있지 않다면 그 이유는 무엇입니까?

CHRISTIANS
FREE OF
MONEY WORRIES

돈에게 지지 말고
돈을
다스리라

3장

돈과 믿음의
치열한 영적 전투

1 자녀 교육과 돈:
자녀에 대한 소유권을 내려놓으라

인생의 자랑의 최고봉, 자녀

"야! 너 아직 학원 갈 시간 아닌데 어디 가?"

김영현 권사(가명, 45세)는 엄마의 눈치를 살피며 나가는 아들 현진(가명, 17세)을 낚아채듯 불러 세웠다.

"오늘 교회 가서 할 게 있어."

"뭐어? 토요일에 교회에서 할 게 뭐가 있는데?"

"이번 수련회 사진 갖고 전도사님이 영상 만드는 거 도와드리기로 했어. 내일 주일예배 때 쓸 거야."

"야, 니가 지금 그런 거 할 때야? 공부를 해야지 공부를! 너 학원비가 얼만데 그걸 빼먹어? 안 돼! 무조건 학원 가. 끝나고 하든지 말든지."

"엄마, 내가 지금 다니는 학원이 몇 갠 줄 알아? 내가 말했잖아. 난 아무리 공부해도 서울대 못 간다고."

"뭐야? 왜 해 보지도 않고 포기해? 우리나라에서 출세하려면 무조건 서울대 나와야 한다고 몇 번을 말해야 알아들어? 너 공부 안

하면 어쩔 건데?"

"나 사진작가 할 거라고 말했잖아. 사진작가 하는데 꼭 좋은 대학 갈 필요가 있어?"

"뭐야? 너 정말 아직도 정신 못 차렸구나! 엄마가 그건 안 된다고 했잖아!"

"엄마, 내 성적으로는 지방대 의대도 갈까 말까야. 그리고 의사는 내 적성에도 안 맞는다고."

"적성이 무슨 상관이야. 의사 하면서 돈만 많이 벌면 니 인생 다 펴지는 거야. 그러니까 엄마가 이렇게 애쓰는 거잖아. 아직 시간 있으니까 열심히 해서 어떻게든 인서울 의대 가. 하나님이 도와주시는데 왜 못 가?"

"헐, 거기서 왜 하나님이 나오는데? 교회만 열심히 다녀서는 좋은 대학 못 간다고 교회 빠지더라도 학원 빼먹지 말라고 다그칠 땐 언제고, 이제 와서 웬 하나님? 엄마, 하나님 믿는 사람 맞긴 해?"

"뭐야? 너 정말 왜 그래? 신앙은 신앙이고 공부는 공부야. 너 엄마 미치는 꼴 봐야겠니? 엄마가 너 하나 보고 이렇게 희생하는 거 안 보여? 너 때문에 40일 금식기도를 몇 번이나 한 줄 알아?"

"제발 그런 소리 좀 그만해. 귀에 딱지가 앉을 것 같아! 지긋지긋하다고!"

현진이가 현관문을 쾅 닫고 나가자 영현 씨는 털썩 소파에 주저앉았다. 요즘 들어 아들이 반항하는 횟수가 늘어나는 것이 속이 상했다. 아들을 위해 모든 것을 희생하고 있는 영현 씨로서는 아들의 어깃장이 야속하기만 하다.

우리나라 부모들의 교육열은 세계에서도 인정할 만큼 열성적이다. 자녀 명문 대학 보내기가 부모 인생의 목표가 되었을 정도다. 강남의 사교육비는 일반인들의 상상을 뛰어넘는 수준이다. 오죽하면 강남 사교육비 전쟁에서 버티려면 부자 조부모의 도움이 있어야 한다는 소리가 나올 정도다. 부모의 수입만으로는 도저히 감당할 수 없는 큰 금액이기 때문이다. 나(김의수)와 상담한 대치동에 사는 고객은 자녀 교육비로 월 700만 원 정도를 쓴다. 일반 가정의 전체 생활비보다 많은 금액이지만 그들에게는 일상적인 금액이다.

간혹 크리스천 가정에서도 가정주부로 살던 엄마가 자녀의 비싼 교육비를 충당하기 위해 가사 도우미나 학교 주방 도우미로 나가 일하는 경우가 있다. 당장 자녀를 학교에 보낼 학비가 없어서 일을 하는 경우도 있겠지만, 대부분 남들한테 뒤지기 싫어서 비싼 사교육비를 대기 위해 고생을 감수하는 경우다. 모정보다는 하나님이 주신 자신의 삶에 자족하지 못하는 욕망의 다른 모습 같아서 보기가 안타깝다.

그런데 이런 과다한 교육비 지출은 결국 부모의 노후를 망치는 지름길이다. 요즘 문제가 되는 것은 부모가 가진 모든 것을 쏟아서 자녀를 명문 대학에 보냈는데, 정작 자녀가 대학을 졸업하고도 취업하지 못하는 상황이다. 통계청 고용 동향에 따르면 2016년 6월 기준으로 청년 실업률이 10.3%나 된다고 한다. IMF 사태 때 최저 실업률 이후로 가장 높은 실업률이다. 사정이 이렇다 보니 자녀가 나이

들어서도 독립하지 못한 채 부모에게 기대어 사는 일명 '캥거루족'이 사회 문제가 된 지도 이미 오래다. 자녀의 독립이 늦어지면 늦어질수록 부모의 노후는 흔들릴 수밖에 없다. 자녀 교육의 방향을 어떻게 정하느냐에 따라서 내집마련과 자녀 결혼, 노후 관리가 감자 줄기처럼 줄줄이 엮이게 된다.

자녀는 나에게 어떤 의미인가?

부모가 자녀의 교육 문제에 이렇게 집착에 가까운 열정을 쏟아붓는 이유는 무엇일까? 결국 자녀에게 안정된 미래를 만들어 주기 위해서다. 명문대 스펙이 있으면 좋은 직장에 들어갈 수 있고, 그래야 돈도 벌고 명예도 누리며 성공적인 삶을 살 수 있다고 믿기 때문이다.

성공한 부모는 자신의 성공을 물려주고 싶어서 거액의 사교육비를 쓰고, 성공하지 못한 부모는 자신의 실패를 자녀에게 물려주고 싶지 않아서 어떻게든 없는 돈도 마련해 자녀를 지원한다. 그 이면에는 자신이 얻지 못한 성공을 자녀가 이뤄 줬으면 하는 보상 심리가 자리한다. 특히 우리나라는 교육을 통한 신분 상승을 꾀하려는 욕망이 크다. 미국의 교육 전문가 마이클 세스(Michael J. Seth)는 "유교가 바탕이 되는 한국의 전통 사회에서 교육은 사회 신분을 유지하고 강화하는 사회 장치"라고 분석했다.

자녀의 성공은 교회 안에서도 부모의 자랑이다. 자녀의 명문대 입학은 주변 사람들로부터 부러움의 대상이 되고 부모의 믿음과 축복의 증거가 된다. 가끔은 어떻게 자녀를 그렇게 잘 키웠는지 노하우를 전수해 달라는 요청도 받는다. 부모로서 이보다 더 행복한 순간이 어디 있을까? 하지만 자녀가 부모의 간판이 된다면 그것은 자녀를 망가뜨리는 길이 된다.

겉으로는 자녀를 위한다는 명분을 내세우지만 그 안을 더 깊숙이 살펴보면 세상에서 머리가 되고 싶고, 수치당하고 싶지 않은 부모의 욕심을 보게 된다. 부모는 수치당하고 싶지 않아서 공부에 관심 없는 자녀를 닦달해 공부하게 하려는 것이다. 자녀가 어떤 꿈을 갖고 있는지, 어떤 특별한 재능을 갖고 있는지는 그다지 관심거리가 아니다. 자녀가 선택한 학과가 자녀의 관심 분야와 관련이 있는지 여부도 크게 중요하지 않다. 그저 보란 듯이 명문 대학에 합격시키는 것이 목표다. 이런 식의 자녀 교육은 결국 부모와 자녀를 모두 병들게 만든다. 자녀가 부모의 투자 대상으로 전락해 버리기 때문이다.

자녀가 내 것인가?

많은 부모들이 자녀의 스펙을 암행어사의 마패처럼 생각한다. 그야말로 스펙이 또 하나의 우상이 되어 버린 것이다. 스펙이 모든 것을 해결해 준다는 믿음 위에서는 올바른 신앙관이 자랄 수 없다. 부모의 지혜를 총동원해 자녀에게 보장된 미래를 선사하려는 그 치열한 과정을 들여다보면 하나님의 자리에 부모가 앉아 있음을 보게 된다.

크리스천 부모 자신들부터도 하나님이 자녀에게 생명을 주셨고, 자녀가 태어날 때부터 하나님께서 계획하신 바가 있다는 사실을 믿지 못하는 것이다. 그들은 하나님이 자녀를 키우신다는 것을 믿지 못한다. 그래서 하나님이 하실 역할을 부모가 대신한다. 하나님께서 자녀에게 주신 달란트가 분명히 있는데도 그것을 믿지 못한다. 그 달란트가 자녀에게서 발현될 때까지 인내심을 가지고 기다리지도 못한다. 그저 다른 아이들에게 뒤처지면 안 된다는 조바심에 이끌려 자녀를 자신이 옳다고 생각하는 방향으로 몰아세운다.

크리스천 부모와 믿지 않는 부모의 차이점은 무엇일까. 크리스천 부모라면 세상의 방식으로부터 한 걸음 떨어져서 하나님의 시각으로 상황을 바라볼 수 있어야 한다.

우선 자신에게 성공에 대한 집착과 성공하지 못할까 봐 두려워하는 마음이 있는지 살펴보라. 그런 마음은 하나님을 신뢰하지 못하는 데서 비롯된다. 하나님께 전적으로 내 자녀의 미래를 맡길 수 있다면 훨씬 여유롭고 객관적으로 자녀의 삶을 지켜볼 수 있게 된다. 자녀에게 집착하는 부모일수록 자신의 삶에 자신감이 없고 불만에 가득 차 있는 경우가 많다.

크리스천의 자녀 교육은 먼저 부모의 믿음에서부터 출발해야 한다. 부모라면 자녀에게 삶에서 가장 중요한 것이 무엇인지를 가르쳐야 하는데, 그때 하나님과 세상적인 성공을 한 저울대에 올리게 된다. 과연 그 순간 세상적인 성공보다 하나님이 더 중요하다고 말해 줄 수 있는가. 크리스천 부모로서 스스로에게 깊이 물어볼 문제다. 크리스천 부모라면 세상적인 성공보다는 하나님 앞에 바로 설 수 있도록 자녀의 믿음을 세우는 일을 가장 중요시해야 한다. 그것이 믿음의 부모가 받은 사명이며 땅끝까지 이르러 내 증인이 되라고 하신 말씀에 최우선으로 순종하는 길이다.

그리고 구체적인 자녀 계획을 세우기에 앞서 정해야 할 것이 있다. 자녀 교육에 대한 가치관이다. 자녀를 어떻게 바라볼 것인가? 자녀를 어떤 방식으로 교육시킬 것인가? 자녀 교육을 통해 자녀에게 주고 싶은 것은 무엇인가? 자녀 교육을 통해 부모로서 얻고자 하는 것은 무엇인가? 자녀가 원하는 미래는 무엇인가? 부모가 그리는 자녀의 미래상은 어떤 것인가?

이런 다양한 질문을 통해 내가 진정 원하는 자녀 교육을 정확하게 확인해야 각자에게 알맞은 자녀 교육의 방향을 정할 수 있다. 사실 이 질문은 크리스천뿐만 아니라 대한민국의 모든 부모가 해야 할 질문이다. 그래야 남이 하니까 덩달아 하는 식에서 벗어나, 내 자녀에게 가장 알맞은 교육 방식을 찾아 자녀가 가진 재능을 개발할 수 있다.

자녀가 부족하거나 성적이 나쁘다고 해서 하나님 일에 쓰임 받지 못하는 것이 아니다. 도리어 낮은 자리에 있으면 겸손히 예수님을 따르기가 쉬워진다. 예수님은 세상에서 알아주지 않는 목수의 신분으로 태어나셨다. 그리고 제자들을 선택할 때도 베드로와 안드레처럼 가난하고 배우지 못한 어부들을 택하셨다. 예수님이 당신을 따르라고 했을 때 그들은 모든 것을 내려놓고 예수님을 따랐다. 하지만 부자 청년은 가진 재물을 내려놓지 못해서 예수님을 따르지 못했다.

나(김의수)는 오랫동안 장애인 딸을 키우며 살았다. 내가 희은이를 있는 그대로 사랑할 수 있었던 힘은 희은이가 나의 딸이기 이전에 하나님의 딸이라는 믿음이 있었기 때문이다. 나는 희은이를 이 땅에 있는 동안 하나님의 자녀로 잘 돌보고 사랑해 줄 책임을 맡은 것이라고 생각했다. 그런 확실한 경계선이 생기자 희은이의 미래에 대한 걱정이나 불안을 내려놓을 수 있었다. 천지만물의 주인이신 하나님께서 당신의 자녀를 지켜 주실 거라고 믿었기 때문이다. 실제로 매 순간 나는 희은이를 돌보시는 하나님의 손길을 느낄 수 있었고, 희은이와 함께한 시간들에 대해 감사할 수 있었다.

무리한 명문 추구에 주눅 든 자녀들

부모는 자녀 교육을 위해 경제적으로도 확고한 계획과 준비가 필요하다. 만약 자녀를 명문 대학에 입학시키고 싶다면 초등학교 때부터 대학 진학 때까지 꾸준히 필요한 교육비를 댈 수 있어야 하기 때문이다. 처음에는 무리해서 교육비를 대다가 나중에 가서 손 들어 버리면 자녀는 그때부터 혼란을 느끼게 된다.

현재 우리나라 사교육 시스템은 돈을 들이는 만큼 결과가 나온다는 신념이 떠받들고 있다. 일정 부분 맞는 말이기도 하다. 과외나 학원에 노출될수록 자녀가 어쩔 수 없이 따라가기도 하기 때문이다. 그래서 강남 대치동 학원가는 자녀를 그 시스템이 던져 놓고 돈을 대면 저절로 성적이 오르고 명문대에 진학하게 된다는 부모의 열망으로 굴러간다. 하지만 앞서 말했듯이 그것이 자녀 교육의 정석은 결코 아니다.

나(데이비드 서)의 첫 외로움은 초등학교 때 시작됐다. 나는 대구에서 부자 아이들만 다닌다고 알려진 사립 초등학교에 입학했다. 그것도 한 살 어린 일곱 살에 아무런 기초 교육도 받지 않은 채로. 그렇다 보니 선행 학습을 해 온 여덟 살 친구들과 어울리는 것이 쉽지 않았다. 게다가 나는 집이 멀어서 버스를 타고 다녀야 했다. 하지만 다른 아이들은 집이 가깝거나 자가용으로 등교했다.

내가 사립 초등학교에 가게 된 것은 나의 친척 할아버지가 같은 사학 재단의 대학 총장이셨기 때문이다. 아버지도 대학 졸업 후 같은 재단 고등학교에서 근무하셨기에 부모님은 크게 고민하지 않고 나를 사립 학교에 보내셨다. 하지만 그 결정은 나의 모든 잠재력을 죽이는 결과를 낳았다.

나는 반에서 존재감이 없는 아이로 6년을 지내면서 단 한 명의 친구도 사귀지 못했다. 아예 공부를 못하는 문제아였다면 선생님의 눈길이라도 받았겠지만 늘 중간 정도의 성적을 유지하는 소심한 아이였다. 나는 늘 외톨이였고, 그 외로움의 무게는 어른이 되어서도 상처의 흔적처럼 남아 있다.

객관적으로 보면 나는 그다지 가난한 상황이 아니었다. 아버지는 중고등학교 교직원으로 성실하게 일하셨고, 어머니도 대학을 나온 뒤 간호사로 일하셨다. 집에는 나를 무조건 받아 주고 사랑해 주시는 할머니와 일하는 누나도 있었다. 하지만 나의 내면은 상대적인 박탈감으로 몹시 가난하고 허기졌다.

사립 초등학교에서 바보처럼 주눅 들어 살던 나는 일반 중학교에 진학하고 나서야 비로소 나의 정체성을 회복해서 친구를 사귀게 되었다. 홍영표라는 친구였다. 나는 친구가 생긴 것이 너무나 기쁘고 자랑스러웠고 신이 나서 처음으로 친구를 집에 데려갔다. 중학교 생활에 적응해서 즐거운 나날을 보내고 있던 어느 날, 부모님은 외가댁 친척들이 많은 미국으로 이민을 가게 됐다고 선포하셨다.

부모님이 한국에서 안정된 직장을 포기하고 바닥부터 다시 시작해야 하는 미국행을 결정한 가장 큰 이유는 자녀의 교육을 위해서였다. 그로 인해 나와 동생들이 받은 혜택은 적지 않았다. 하지만 혜택만큼 잃은 것도 있었다. 부모님은 평생 쉴 새 없이 힘든 노동을 하셔야 했고, 나의 내면에는 깊은 외로움의 상처가 남아 있기 때문이다.

부모 입장에서는 자식을 좋은 학교에 입학시킨 것만으로도 만족스러웠겠지만, 낯설고 언어도 통하지 않는 학교생활을 하는 자식에게는 그것은 고통이고 고문이었다. 마음이 통하는 또래 친구들과 마음껏 어울리는 일은 자녀의 성장 과정에서 매우 중요한 것이다. 그런데 부모의 욕심이나 과잉 투자로 그것을 훼손시키면 결국 그 모든 대가는 자녀가 치러야 한다. 그래서 자녀에게나 부모에게나 어떤 가치관을 가진 그룹에 속해 있는지가 중요하다. 자녀 교육에 대한 올바른 가치관과 지침을 나눌 좋은 이웃이 필요한 것도 그

때문이다.

최근 서울대 학생들 사이에서 어느 고등학교를 졸업했는지가 중요한 관심사로 대두됐다는 뉴스 기사를 읽은 적이 있다. 특목고인가 일반고인가에 따라서 등급이 달라지고, 수시냐 정시냐에서도 등급이 생기고, 전과생이나 편입생에 대한 차별도 적지 않다는 것이다. 치열한 경쟁 사회에서 살아남기 위해 남을 밟지 않으면 내가 밟힌다는 강박에 휩싸인 아이들이 어떻게 해서든 자신을 부각시키기 위해 차별을 만드는 것이다. 다른 사람이 어떤 심리적인 고통을 당하든 상관이 없는 냉정한 경쟁심이 대학 캠퍼스까지 점령한 것은 가슴 아픈 일이다.

나는 이 사회에서 인간성을 소멸시키는 이러한 구조적인 병폐를 막을 수 있는 사람들이 크리스천이라고 믿는다. 크리스천은 더 중요한 하나님의 세계를 알기에 더불어 살아갈 수 있는 사랑을 예수님으로부터 배우고 있는 사람들이기 때문이다.

코넬대학 합격의 노하우, 교회와 천사들(?)

내(데이비드 서)가 미국 코넬대학에 입학할 때만 해도 한국인 학생이 흔치 않았다. 그렇다 보니 주변에서 이런저런 공부에 대한 노하우를 묻는 사람들이 많았다. 하지만 내가 답할 수 있는 말은 별로 없었다. 아무리 생각해도 내가 한 것은 교회에 열심히 다니고 학교에서 내 주는 숙제를 열심히 한 것밖에 없기 때문이다.

우리 부모님이 적극적으로 나의 공부를 지도하신 것도 아니었다. 부모님은 미국에 이민 가실 때만 해도 영어를 거의 못하셨기 때문에 담임 선생님이 상담을 위해 불러도 학교에 갈 수가 없었다. 게다가 세탁소를 시작하고부터는 나의 공부에 대해서 신경 쓸 시간과 여력이 없었다. 물론 부모님은 최선을 다해 나를 먹이고 입히고 키워 주셨다. 하지만 궁극적으로 나를 보호하고 길러 주신 분은 하나님이셨다.

나는 한국에서 겨우 알파벳을 떼고 미국으로 건너갔다. 학교에 들어가서도 영어를 할 수 없으니 따로 ESL반에서 다른 이민자 학생들과 함께 영어를 공부했다. 그때 하나님께서 내게 미국인 친구 존 골드를 붙여 주셨다. 지금 생각해도 이상한 일이다. 존은 숫기 없는 나에게 관심을 보였고 친구가 되어 주었다.

존과 어울리면서 나는 자연스럽게 영어를 습득할 수 있었다. 나와 친해진 존은 가끔 식구들이 별장으로 놀러 갈 때도 나를 데려갔다. 존의 식구들도 나를 가족처럼 따뜻하게 대해 주었다. 나는 그들과 낚시도 하고 숲에서 놀기도 하다가 낚시로 잡은 물고기를 요리해서 먹으며 즐거운 시간을 보냈다. 존의 여동생은 나에게 관심을 보이며 무척 친절하게 대해 주었다. 존은 귓속말로 여동생이 나를 좋아하는 것 같다고 말하며 킥킥 웃었다. 이성에 눈뜨기 전이었던 나는 영문도 모른 채 같이 웃었다.

지금 생각하면 외로운 이민자였던 나에게 존은 하나님이 보내 주신 천사였다. 아무것도 부족함 없는 미국 중산층 가정의 백인 남자아이가 보잘것없고 왜소한 동양인 친구를 둔다는 게 당시로선

흔한 일이 아니었다.

하나님은 그 외에도 나에게 많은 천사들을 붙여 주셨다. 워싱턴 한인 YMCA를 통해 정준영 선생님이라는 좋은 스승을 만나게 하셔서 선교 활동에 동참하게 하셨고, 학교에서도 좋은 담임 선생님을 만나게 하셨다. 가끔 미국 아이들이 나를 황인종이라고 놀리면 인종 차별이 얼마나 나쁜 행동인지 강조하며 나를 보호해 주시던 선생님도 계셨다.

잽 스튜어트 고등학교에 다니던 시절, 화학 과목을 좋아한 나는 고급 화학 과정인 AP화학반에서 공부했다. 어느 날 선생님은 화학 질량을 산출하는 새로운 공식을 가르쳐 주셨다. 그런데 나는 여러 번 계산 연습을 하다가 우연히 긴 계산 과정을 거치지 않고 쉽게 결과를 산출해 내는 지름길을 알아냈다. 몇 개의 과정을 생략하고 암산해서 쉽게 답을 구하는 방법이었다.

다음 날 선생님은 반 전체 학생들에게 전날 가르쳐 준 공식으로 푸는 문제를 내셨는데 내가 다른 학생들보다 매우 빨리 답을 말했다. 선생님은 깜짝 놀라서 어떻게 그렇게 빨리 답을 계산해 냈는지 보여 달라고 하셨다. 나는 칠판으로 나가 내가 찾은 방법을 풀어 가면서 설명했고, 선생님은 그 자리에서 훌륭하다고 칭찬하시며 나의 계산 방식을 'Sang's method(상은의 방식)'라고 불러주셨다(당시 나는 한국 이름인 상은의 첫 글자인 'Sang'으로 불렸다).

내게는 자신감을 키운 중요한 사건이었다. 나는 선생님의 칭찬에 힘입어 더욱 열심히 공부할 수 있었고, 코넬대학에 입학할 때는 전교 1학년 학생들 중 화학 과목에서 1등상을 수상했다.

당시 이민 1.5세대 중에는 술이나 마약에 빠진 아이들도 있었다. 하지만 나는 교회와 YMCA에서 봉사하며 안전하게 보호받을 수 있었다. 하나님의 세심한 보호하심이었다.

부모가 아무리 자녀를 사랑해도 24시간 함께 지낼 수는 없다. 자녀가 학교 수업을 마치고 학원까지 다니다 보면 부모와 떨어져 있는 시간이 더 많을 수 있다. 그 시간 동안 자녀를 지켜 줄 분은 하나님이시다. 아무리 돈만 있으면 해결할 수 없는 게 없다는 세상이라지만, 하나님의 세심한 보호하심이 없으면 우리는 살아갈 수가 없다.

우리에게 아무 일 없다는 것은 곧 엄청난 하나님의 보호 속에 있다는 뜻이기도 하다. 설사 무슨 일이 생긴다고 해도 크리스천은 그 일을 통해 보이시고자 하는 하나님의 더 큰 계획 속에 있는 것이므로 두려워할 것이 없다.

자녀에게는 공부보다 훨씬 더 중요한 것들이 많다. 건강, 신앙, 인성, 감성, 도덕성, 양심, 사회적 친화력, 봉사 정신 등 갖춰야 할 것이 얼마나 많은지 모른다. 그런데도 부모들은 자녀의 성품이 비뚤어져도 공부만 잘하면 된다는 식으로 공부만 강조한다.

하나님은 각 사람에게 개성을 부어 주셨다. 장미꽃이 아름답기는 하지만 이 세상의 모든 꽃이 장미꽃처럼 변해 간다면 얼마나 이상하고 시시할까. 빨갛고 노랗고 하얀 꽃들이 서로 어우러질 때 아름다운 자연은 더욱 빛이 난다. 하나님이 이 세상을 지어 놓고 보시기에 좋았던 것도 각 동물과 식물이 자기만의 색깔로 서로 어우

러져서였을 것이다. 나는 이 점이 크리스천 부모가 자녀 교육에 대해 가져야 할 가장 중요한 마음가짐이며 믿음이라고 생각한다. 주님이 주신 내 자녀는 주님 안에서 부족함 없이 완전하기 때문이다.

난감했던 딸의 수학 성적

얼마 전 나(김의수)와 아내는 딸 민수(고 1)의 성적표를 보고 아연실색하고 말았다. 수학 16점. 우리 둘 다 평생 한 번도 구경하지 못한 점수였다. 연필을 굴려서 찍는다고 해도 그보다는 잘 나올 것 같았다. 어렸을 때부터 공부를 잘했던 아내는 딸의 점수를 보고 몹시 흥분했다. 아내는 학창 시절에 가정 형편이 어려워서 방 두 칸에 여섯 식구가 살았지만 늘 1등을 놓치지 않았다. 우수한 성적으로 약학대학에 입학한 아내로선 민수의 점수가 상상하기 힘든 점수였던 것이다.

"야! 너 인간으로서 어떻게 이걸 점수라고 받아 올 수 있니? 정말 너무한 거 아니니? 대체 그동안 비싼 돈 주고 수학 학원에는 왜 다닌 거야? 아빠가 힘들게 돈 벌어서 학원비 대 준 결과가 이거야? 그냥 찍어도 이 점수보다는 낫겠다. 응?"

웬만한 충격에는 끄떡도 하지 않는 우리 딸 민수는 그날 서럽게 울었다.

"울긴 왜 울어? 뭘 잘했다고 우는 거야? 어지간해야 내가 말을 안 하지. 기가 막혀서."

나는 우는 딸과 흥분한 아내를 달래느라 중간에서 진땀을 빼야 했다. 아내가 크게 화를 내는 건 민수에 대한 미안함과 자책감, 절망감이 어우러진 것이었다.

다음 날, 어느 정도 흥분이 가라앉은 아내에게 나는 조심스럽게 이야기를 꺼냈다.

"여보, 민수 때문에 많이 속상하겠지만 민수를 볼 때 성적으로만 보지 말고 민수 전체를 좀 봐 줘. 난 민수의 구김살 없는 성격과 맑은 영혼을 볼 때마다 하나님께서 키워 주신 게 믿어져서 진심으로 감사해. 우리가 희은이 보느라 민수를 제대로 보살펴 주지 못한 거 생각하면 우리 민수 정말 착하게 잘 자랐잖아. 안 그래?"

"그래, 내가 그걸 왜 모르겠어. 어제는 너무 속상해서 그만… 내가 잠시 돌았나 봐."

"아니야. 당신 심정 충분히 이해해. 그동안 민수 성적 올리려고 당신 신경 많이 썼잖아. 비싼 과외도 시키고. 그래도 안 되는 건 어쩔 수 없는 거야. 있는 그대로 인정하자. 민수라고 그 점수 받고 싶어서 받았겠어? 우린 민수 부모니까 민수 편이 되어 줘야지. 안 그래?"

아내의 눈에 금세 눈물이 글썽해졌다.

"얼마 전에 민하 유치원 데려다 주면서 생각났어. 민수 클 때는 한 번도 민수 데리고 유치원에 같이 걸어가 본 적이 없다는 걸…."

아내의 말에 나도 가슴이 먹먹해졌다.

"괜찮아. 그때는 그게 최선이었잖아… 민수도 그런 당신 마음 아니까 삐뚤어지지 않고 저렇게 잘 자라 준 거지."

"민수 정말 어떡해? 저렇게 공부 못해서 나중에 고생할까 봐 걱정이야."

"걱정하지 마. 우리도 고생하면서 잘 이겨 냈잖아. 그리고 고생 좀 하면 어때? 그때가 진짜 하나님을 인격적으로 만날 수 있는 기회야. 민수 삶의 중심에 하나님이 계신다면 그게 가장 큰 성공이지. 안 그래? 우리보다 하나님이 민수를 더 사랑하셔. 지금까지 키워 주신 것처럼 앞으로도 민수와 함께하실 걸 난 믿어."

"그래… 내가 또 하나님보다 앞서서 걱정했네."

사실 내가 민수에 대해 아내보다 덜 걱정하는 것은 내가 살아온 삶과 무관하지 않다. 나 역시 고등학교 때 방황의 시기를 보낸 적이 있기 때문이다. 나는 공부보다 장사에 관심이 많아서 고1 때 부모님 몰래 식당에서 주방 보조로 일한 적이 있다. 토요일에 학교가 끝나면 아르바이트로 일했는데 나에겐 재미있는 경험이었다. 또 '선한 사마리아인'이라는 모임을 만들어서 고구마 장사, 빈 병 팔기 등으로 돈을 모아 독거노인을 돕기도 했다.

하지만 아버지는 공부에 열중하지 않고 수시로 다른 일을 벌이는 나를 몹시 못마땅해 하셨다. 그렇다 보니 부모님과 마찰이 잦았다. 나중에 부모님은 내가 장사를 안 하고 대학에 들어가기만 해도 좋겠다고 생각하실 정도였다. 그 당시 아버지의 사업이 잘될 때라 대학에 들어가면서 나는 아버지를 부르주아라고 생각했다. 그래서 어머니에게 아버지로부터 해방돼야 한다고 힘주어 말하기도 했다.

나의 방황은 허리 디스크 수술로 일단락됐다. 병원에 입원해 있는 나를 아버지가 정성껏 간호해 주시는 모습을 보고 나는 깊이 뉘우쳤다. 아버지와 나의 관계는 그렇게 회복됐다. 나는 대학에 다시 복학한 후 착실한 크리스천으로서 살았다. 동네 사람들은 바뀐 내 모습을 보며 "하나님이 살아 계신 게 맞는가 보다"라고 말할 정도였다.

큰딸 희은이와 어린 민수를 키우던 시기는 우리 가정이 경제적으로 몹시 어려운 때였다. 나는 가족들의 생계를 책임지기 위해 아침부터 밤늦게까지 풀 뽑기 공공 근로, 컴퓨터 강사, 전단지 돌리기, 우유 배달 등 닥치는 대로 일했다. 아내는 아내대로 아침마다 휠체어에 탄 희은이를 데리고 물리 치료를 받기 위해 장애인 복지관으로 향했다. 그러면 집에 남은 민수는 혼자 가방을 챙겨 학교에 가야 했다. 언니의 그늘에 가려 부모의 보살핌을 제대로 받지 못한 그 시기는 민수의 입장에서 보면 견디기 힘든 고난의 시기였다.

하지만 민수는 아픈 언니에게 부모의 관심을 통째로 빼앗겨도 불평 한마디 하지 않았다. 충분히 상처받을 수 있는 상황이었지만 도리어 자신과 같은 처지에 놓인 친구들을 따스하게 챙겨 주고 배려할 줄 알았다. 장애인 언니를 부끄러워하지 않았고, 자칫 우울할 수도 있는 환경 속에서도 밝고 명랑하고 긍정적이었다. 민수의 밝은 표정을 볼 때면 나는 하나님께서 우리를 대신해서 민수를 키워 주고 계신다는 것을 믿지 않을 수 없었다.

아내의 입장에서 보면 민수는 부족한 부분이 많았다. 공부를 못하는 것 외에도 산만하고 주변 정리가 잘 안 되며 말할 때 자주 주어를 생략해서 무슨 말을 하는지 알아듣지 못할 때가 많았다. 그 부족함이 결국 어렸을 때부터 제대로 가르치지 못한 자책감과 맞물려 힘들어했다.

애견 관리사에서 디자이너로, 하고 싶은 일을 찾은 딸

"아빠, 나 애견 관리사가 되고 싶어."

몇 년 전 중학생 딸 민수가 나의 눈치를 살피며 조심스럽게 말했다.

"그래? 갑자기 왜 그런 생각을 하게 됐어?"

"난 강아지가 좋아. 강아지 예쁘게 손질하고 가꾸는 일 하면 재밌을 것 같아."

"그래. 우리 딸이 좋다면 아빠도 찬성이야."

"정말? 아빠 진짜 그래도 돼? 애견 관리사 하면 대학은 안 갈 건데, 그래도 괜찮아?"

민수는 믿어지지 않는 듯 다시 물었다.

"물론이지. 아빠는 네가 정말 좋아하는 일을 했으면 좋겠어. 그게 애견 관리사든 뭐든 니가 하고 싶은 게 생겼다는 게 아빠 좋아. 한번 열심히 준비해 봐."

"야호! 신난다. 역시 아빠 내 편이야!"

나의 말은 진심이었다. 자신이 원하는 일을 하면서 살 수 있다는 것은 축복이다. 특히 공부에 크게 관심 없는 딸이 관심을 집중할 수 있는 일을 찾았다는 것이 좋았다. 요즘처럼 애완용 동물을 많이 키우는 시대에 애견 관리사는 상품성과 미래 전망도 크게 나쁘지 않았다.

"민수야. 먼저 애견 관리사가 되려면 어떤 공부를 해야 하는지 알아봐. 아빠는 특화된 학교가 있는 걸로 아는데 네가 직접 찾아봐."

"오케이! 알았어요."

"그리고 아빠가 너 대학 등록금 용도로 모아 둔 돈이 있으니까 그건 네가 앞으로 대학 안 가게 되면 다른 용도로 써도 돼. 예를 들어 2년 정도 애견 센터에서 일하고 더 공부하고 싶으면 영국에 있는 애견 관련 교육 센터에서 공부하는 거지. 그래서 한국에서 제일 강아지 털 잘 깎는 기술자가 되면 좋잖아."

"우와! 대박! 우리 아빠 최고!"

나는 지금도 그때 민수가 기뻐하던 표정을 잊을 수가 없다. 자녀의 잠재적 가능성을 믿어 주는 부모의 격려와 지원은 자녀의 충만한 자신감으로 연결된다. 하고 싶은 일을 맘껏 계획하고 실험해 볼 수 있는 용기가 생기는 것이다.

애견 관리사가 되려는 딸을 전적으로 격려해 줄 수 있었던 것은 나의 신앙과 무관하지 않다. 나는 큰딸 희은이를 키우면서 하나님의 창조는 부족함이 없이 충만하고 완전하다는 것을 믿게 됐다. 눈에 보이는 것으로 판단할 수 없는 하나님의 손길이 머무는 영의 세계가 분명 존재하기 때문이다. 내가 희은이를 통해 하나님께 감사했던 것처럼 민수를 통해서도 깊은 감사가 흘러나오는 것은 그 때문이다. 비록 수학을 16점 받은 딸이지만 하나님의 눈에는, 또 나의 눈에는 티 없이 맑고 아름다운 한 영혼이기 때문이다.

애견 관리사가 되려는 꿈을 불태우던 민수는 얼마 후에 꿈을 다시 바꾸었다. 애견 관리사로서의 삶을 상상 속에서나마 충분히 즐겼기 때문인지 아무런 미련이 없는 것 같았다. 새롭게 찾은 민수의 꿈은 그림 그리기였다. 민수가 그린 그림을 보고 나는 깜짝 놀랐다. 민수가 미술에 재능이 있다는 사실을 새롭게 발견했기 때문이다. 애견 관리사의 꿈에 아빠가 한껏 동조해 준 좋은 기억은 민수로 하여금 겁내지 않고 자신이 좋아하는 것을 찾아 나서게 해 주었다. 민수는 결국 자신이 잘하면서 좋아할 수 있는 일을 찾아낸 것이다.

민수의 창의력 테스트 결과는 나를 놀라게 했다. 점수가 특등급이었다. 민수가 학교 창의 수업에서 늘 1등을 차지하는 이유이기도 했다. 미술을 새로 시작한 지 1년밖에 안 됐지만 민수의 미술 실력은 내가 보기에도 매우 훌륭했다. 보고 그대로 그리는 데생이나 정물화 실력은 다소 떨어지지만, 자신의 생각을 창의적으로 표현하는 데는 월등히 탁월함을 보였다. 이런 창의력이 있다면 나중에 민수가 사회에 나가서도 충분히 자신의 역할을 해내리라는 믿음이 생겼다.

아내는 민수가 내신 등급을 좀 더 올려 명문대는 아니어도 서울 안에 있는 좀 더 인정받는 대학에 보내고 싶어 했다. 하지만 나는 '인서울 대학'만으로도 훌륭하다고 생각한다. 이미 나의 기대를 모두 내려놓고 민수가 하나님의 자녀로서 어떤 길을 걸어가든 격려해 줄 준비가 되었기 때문이다.

다섯 살부터 시작되는 늦둥이 교육 고민

최근 아내는 이제 다섯 살이 된 늦둥이 민하의 교육을 어떻게 해야 할지 고민이 많다. 공부를 못하는 민수를 보면서 민하만큼은 남들처럼 잘 키워 보고 싶은 욕심이 생기기 때문이다. 이제는 경제적으로 안정이 되어 충분히 뒷바라지할 여건도 되고, 민하는 스스로 어린 나이에도 손에서 책을 떼지 않을 만큼 호기심 많고 총명한 아이다. 아내는 민하를 통해서 희은이와 민수 때는 미처 느끼지 못하던 여유와 함께 아이 키우는 행복을 뒤늦게 경험하고 있다고 말했다.

아내의 고민이 본격적으로 시작된 것은 친구로부터 자녀 교육에 대한 다양한 정보를 듣고 나서부터였다. 아내의 마음속에 자녀 성적에 대한 두려움이 들어온 것이다. 그 지인은 자녀 교육에 대한 최고급 정보를 줄줄이 꿰면서 자녀를 자신의 로드맵에 따라 주도면밀하게 공부시키고 있었다. '스카이 대학'을 목표로 좋은 중고등학교에 보내기 위해 초등학생 때부터 거주 지역도 옮겨 가며 자녀를 돌리고(?) 있었고, 영어, 수학, 과학 등 과외를 통한 선행 학습은 물론, 예체능 과목까지도 치밀하게 계산해 학원에 보내고 있었다.

그런 친구의 시선으로 보면 아내는 아무 생각 없이 자녀를 방치하고 있는 무책임한 엄마였다. 지금 같은 시대에 돈이 있으면서도 자녀를 과외나 학원으로 돌리지 않는 부모는 무책임하다 못해 악한 부모라고 그녀는 믿는 것 같았다. 가끔 우리 가족이 해외여행을 다녀오기라도 하면 그 친구는 득달같이 달려와서 아내에게 지금 자녀를 데리고 한가하게 여행이나 다닐 때가 아니라고 진지하게 조언하기도 했다.

하지만 나는 동의하지 않는다. 나는 하나님의 방식으로 자녀를 키우고 싶다. 세상적인 성공보다는 하나님의 세계에서 성공할 수 있도록 자녀를 키우고 싶은 것이다. 그리고 나의 짧은 식견으로 내다봤을 때 다가오는 시대는 우리가 생각하는 방향으로 흘러가지 않을 것이다. 남들이 가는 대로 달려가기보다는 나만의 삶의 방식을 찾는 것이 중요한 때다.

최근 우리 가족이 하남으로 아파트를 분양 받아서 이사하게 됐다는 소식을 듣고 그 친구는 물론이거니와 주변의 많은 사람들이 의아해했다. 왜 뒷받침할 능력이 있으면서 교육을 위해 강남으로 진입하지 않느냐는 것이었다. 그들의 시선에서는 교육 불모지처럼 보이는 하남으로 이사 가는 우리가 이해되지 않는 것이다. 하지만 나와 아내는 새 집에 대해서 매우 만족스럽다. 거기로 가서 자녀 교육을 제대로 못할 거라는 걱정도 없다. 중요한 것은 우리 가족의 중심에 자리 잡고 있는 하나님에 대한 신뢰와 삶을 바라보는 가치관이기 때문이다.

자녀를 바라보는 시각의 차이는 두려움의 차이

"아빠. 나 대학 가면 뭐 해 줄 거야?"

요즘 민수는 자신감이 충만해 장난치듯 내게 묻곤 한다.

"그건 그때 가서 정하는 게 어때?"

"피이, 아빤 다 좋은데 너무 짜."

나는 민수에 대해서 걱정하지 않는다. 민수가 좋아하는 미술을 찾았고 그것으로 충분히 성공했다고 보기 때문이다. 부모가 자녀에게 어떤 욕심을 갖고 있느냐에 따라서 자녀 교육의 성공과 실패가 결정된다. 결국 자녀 교육의 성공 여부는 부모 자신에게 달린 것이다.

민수는 어렸을 때 피아노를 6년 동안 배웠는데도 바이엘을 떼지 못했다. 그런데 민수보다 더 늦게 시작한 옆집 아이는 피아노가 없어서 두 달 동안 우리 집에서 피아노 연습을 했는데도 민수보다 실력이 훨씬 좋았다. 부모의 입장에서 그런 과정을 지켜보는 것은 약간의 인내가 필요한 일이다. 어느 날 나는 민수에게 물었다.

"민수야, 너 피아노 배우는 거 하기 싫으면 억지로 할 필요 없어. 그만둘래?"

"아뇨…."

"왜? 아빠가 보기에 너 피아노 치는 거 별로 좋아하지 않는 것 같은데?"

"그래도 계속 할래요."

"이유가 뭔지 아빠한테 설명해 줄 수 있니?"

민수는 잠시 머뭇거리다가 대답했다.

"피아노 선생님이 목사님 사모님인데 내가 그만두면 사모님이 돈을 못 받잖아요. 난 피아노 못 쳐도 상관없어요. 엄마 아빠가 사모님 도와드리려고 나 피아노 보내는 거 다 아는데 내가 어떻게 끊어요. 저 그냥 계속 다닐래요."

나는 이런 내 딸이 사랑스럽다. 시험 성적이 다른 학생들보다 떨어지더라도 바른 믿음과 건강한 정신, 가치관이 있기에 충분히 이 세상을 잘 살아갈 수 있을 거라고 믿는다. 물론 스펙이 성공을 만드는 이 사회에서 초라한 스펙으로 살아간다는 것은 다분히 모험이고 고난을 동반할 수 있다. 하지만 그보다 더 먼 미래를 봤을 때 어떤 삶이 더 행복할지는 장담할 수 없다.

아내와 내가 민수를 바라보는 시각이 조금 다른 것은 실은 각자 느끼는 두려움의 크기가 다르기 때문이다. 수억 원의 빚을 안고 바닥까지 떨어져 먹고살기 위해 전단지를 돌린 경험이 있는 나로서는 두려움이 훨씬 덜하다. 유학까지 다녀온 경력을 내려놓고 비참한 가난의 현실을 받아들이는 것은 쉬운 일이 아니었다. 세상적으로 보면 견디기 힘든 고난 한가운데 있었지만 놀랍게도 할 만한 게임이었다. 그 속에서 하나님의 따스한 보살핌과 기적 같은 능력을 매 순간 체험할 수 있었기 때문이다. 하나님 앞에선 아무것도 내세울 게 없다는 진리를 배웠고 더욱더 겸손해질 수 있었다. 지옥의 나락 같은 고난 속에서도 주님이 나를 결코 포기하거나 죽이지 않는다는 것도 알게 됐다. 그런 경험이 있기에 앞으로 민수가 어떤 어려움을 겪더라도 하나님이 그 짐을 함께 지고 가실 것을 믿는 것이다.

인생을 살면서 고난을 피할 수 있는 사람은 없다. 재벌이든 노숙자든 사는 모양은 달라도 다 각자의 고난을 맞닥뜨리게 된다. 그럴 때 자녀에게 피할 수 있는 요령을 가르치기보다는 그 고난을 뚫고

헤쳐 나갈 힘을 키워 주는 것이 크리스천 부모의 역할이라고 나는 믿는다.

게임의 차원이 바뀌고 있는데 스펙만 쌓으면 뭐하나

부모들이 기대하는 자녀 교육의 종착점은 과연 어디일까. 부모가 원하는 대로 자녀가 열심히 공부해서 특목고를 졸업한 후 명문 대학까지 진학해서 무사히 졸업했다고 가정해 보자. 다음 관문은 취업을 해서 사회인으로 독립하는 과정일 것이다. 의사나 변호사 같은 전문직이 아니라면, 주로 부모들이 기대하는 직업은 안정된 대기업 사원이나 공무원이다.

그런데 문제는 우리 자녀들이 살아갈 미래는 지금과는 판도가 완전히 다른 세상일 거라는 점이다. 많은 미래학자들이 인공지능(AI)의 발달과 그 외의 다른 변수들로 미래에는 수많은 화이트칼라가 직장을 잃게 될 것이라고 경고한다. 이미 대기업의 구조 조정은 무차별적으로 시작됐고 30대 퇴직자도 나오고 있는 추세다. 기술은 우리가 상상하는 것보다 훨씬 빠르게 진화해 새로운 시대에는 변호사, 의사, 세무사, 기자 등 전문 직종조차도 상당 부분 AI로 대체될 가능성이 높다고 한다.

이런 격변기에 살아남기 위해 가장 필요한 것은 정보 간 연결과 융합을 꾀하는 창의적인 사고방식이다. 지금 시대만 해도 예전 우리 부모 세대에 성행했던 사업이 내리막길에 들어선 경우가 많다. 현재는 조선업이 붕괴돼 앞으로 다가올 경제적 여파에 촉각을 세우고 있다. 어쩌면 이것은 아주 초입 단계의 징후에 불과할 수도 있다.

얼마 전 '문화창조아카데미'에서 총감독으로 있는 이인식 소장이 이화여대 안에 있는 이화어린이연구원에서 유치원 학부모들을 위한 강연을 한 적이 있다. 나도 그곳에 참석했는데 그날 강연에서 그는 유치원 어린이들이 성인이 될 즈음에는 지금 있는 직종의 대부분이 사라질 것이라고 예측했다. 그는 부모들이 자녀를 창조적 융합을 할 수 있는 인재로 키워야 하며, 학벌에 매달리지 말고 먼 미래를 내다보고 교육시켜야 한다고 강조했다.

나는 3년 반 동안 한양대학에서 가르치면서 학생들의 역량과 세계관을 관찰할 수 있었다. 특히 내가 가르친 학생들은 한양대학 안에서도 1% 안에 드는 영재 그룹이었다. 분명히 남다른 재능과 총명함을 갖고 있는 학생들이었지만 오랜 암기식 교육으로 생각의 날이 무디어진 것을 볼 수 있었다.

내가 가장 우려했던 것은 학생들의 생각 자체가 자유롭지 못하고 경직돼 있다는 점이었다. 오랜 세월 경쟁만 하며 살아왔기에 자신을 돌아보거나 여유롭게 인생에 대해 사색할 시간이 없었던 흔적들이 좁은 세계관 속에 고스란히 담겨 있었다. 총명하고 똑똑한 능력이 미래에 대한 두려움과 불안으로 움츠러들어 있었다. 이것은 비단 한양대학에서만 볼 수 있는 풍토가 아니다.

많은 청년들을 멘토링하면서 내가 느끼는 것은 그들에게 절실함이 없다는 것이다. 지금 그들이 닥친 위기는 위기를 헤쳐 나갈 능력과 정신력이 부족한 것이다. 창의력이란 결국 아무도 가지 않은 길을 찾아서 걸어가는 개척 정신이다. 부모가 모든 것을 해결해 주는 풍토에서 자란 아이들은 개척 정신이 절대적으로 부족하다. 겉은 멀쩡한데 알맹이가 허술한 것처럼 말이다.

창의적인 인재를 키우기 위한 크리스천의 역할이 매우 중요한 시점이 바로 지금이다. 앞서 말했듯이 지금 시대에 용기 있게 나설 수 있는 사람은 바로 크리스천이기 때문이다. 크리스천이 하나님의 청지기로서 자녀를 나의 소유물로 여기지 않을 수 있다면, 그래서 주님이 자녀에게 주신 달란트가 발현될 수 있도록 객관적으로 바라보는 믿음의 안목이 생긴다면 감당할 수 있는 일들이 많다.

주님이 자녀의 미래를 이끌어 가심을 믿으면 부모는 지금 당장 결과가 나오지 않아도 조급해하지 않을 수 있다. 자녀가 재능을 충분히 발휘하고 창의적인 능력이 계발될 수 있도록 격려하며 기다릴 수 있기 때문이다.

떼를 지어 바다로 뛰어들어 자살하는 나그네쥐가 왜 그런 행동을 하는지 오랫동안 의문에 싸여 있었다. 그런데 최근 나그네쥐의 죽음에 대한 비밀이 풀렸다. 나그네쥐가 떼를 지어 바다로 뛰어드는 것은 상황 판단을 잘못했기 때문으로 드러났다. 코넬대학 행동 생태학자인 폴 셔먼(Paul W. Sherman) 박사의 분석에 의하면 나그네쥐들은 새로운 먹이를 찾아 무작정 전진하다가 바다에 빠져 몰살하는 것이라고 한다. 그 물이 건널 수 있는 개울 정도면 문제가 없는데, 바다일 때는 헤어 나오지 못하고 죽음을 맞는 것이다. 지금 우리에게 주는 깊은 메시지가 담긴 이야기다.

자녀는 부모의 소유물이 아니다

강조하건대 자녀는 부모의 소유물이 아니다. 부모는 하나님으로부터 자녀를 잘 보살피고 키워 내라는 소명을 받은 청지기일 뿐이다. 결국 자녀를 키우시는 분은 첫 생명을 주신 하나님이시다. 자녀를 부모의 확장된 자아로 보는 것은 강도 높게 말하면 하나님에 대한 도전이다. 하나님의 소유물을 나의 것이라고 우기는 것과 같기 때문이다.

자녀의 성공을 위해 무조건 하나님께서 축복해 주시길 원한다면 그것은 크게 잘못된 믿음이다. 하나님은 우리의 성공을 지원해 주기 위해 존재하시는 분이 아니기 때문이다.

하나님께서 아브라함에게 이삭을 바치라고 요구하신 일은 자녀교육과 관련해 깊이 묵상할 만한 상징적인 의미를 가진다. 하나님이 원하신 것은 이삭이 아니었다. 하나님을 향한 아브라함의 중심이었다. 세상적으로 보면 아브라함에게 100세에 얻은 자녀, 그의 가문을 길이길이 이어 갈 후손보다 더 귀한 것은 없었다. 하지만 아브라함은 그 스스로를 '먼저' 구별하여 하나님께 드림으로써 아들을 다시 얻었을 뿐만 아니라, 우리가 따를 진정한 믿음의 조상이 되었다.

우리가 너무나 잘 알고 있는 말씀이지만 이를 내 삶에 대입시키는 것은 어려운 일이다. 지금 자녀를 특목고에 보내는 일보다 주님을 선택하는 것은 죽음보다 어려운 적용일 수 있다. 물론 특목고에 보내는 것이 잘못됐다는 이야기는 아니다. 부모로서 지금 무엇에 집중하고 있는가를 다시 한 번 돌아보아야 한다는 얘기다. 나의 중심이 어디에 있는지 돌아보아야 한다는 얘기다. 이것은 우리 크리스천들이 이 세상을 떠나 천국 문에 들어갈 때까지 계속 해야 할 일이라고 생각한다.

나(김의수)와 상담했던 매우 용감한 크리스천 부부가 있다. 남편 장현수 씨(가명, 40세)는 명문대를 졸업한 후 공공 기관에서 근무했고, 아내는 유학까지 다녀와서 영어 학원에서 일하고 있었다. 남편과 아내의 월수입을 합하면 600만 원 정도 되었다. 그들에게는 여섯 살, 여덟 살 된 두 자녀가 있었는데 그들의 교육관은 남달랐다. 우선 그들은 양평으로 집을 정했다. 모아 놓은 돈이 없는 상태에서 빚을 지지 않고 집을 마련하기 위해서였다.

남편의 출근 시간이 1시간 30분이나 걸리는 양평으로 이사를 가는 것은 쉽지 않은 결정이었다. 아이들 교육을 생각한다면 더욱 무모한 결정일 수도 있었다. 자녀에게 더 나은 교육을 시키기 위해 무리를 해 가며 강남으로 뛰어드는 부모들의 시각에서 보면 이해할 수 없는 행동이었다. 하지만 부부는 세상의 흐름을 역행하는 다른 선택을 했다. 아이들을 학원 대신 자연 속에서 맘껏 뛰어놀 수 있게 한 것이다.

어느 날 부부는 나를 찾아와서 2년 동안 아이들과 함께 호주 배낭여행을 떠나기로 결정했다고 말했다. 부부는 아이들을 하나님께 헌신하는 자녀로 키우고 싶어 했다. 그래서 아이들에게 들어갈 학원비로 배낭여행을 선택한 것이다. 그들의 눈빛에는 어떤 두려움도 보이지 않았다. 여행을 다녀온 후 전세금이 오르면 더 작은 집으로 간다고 해도 괜찮다는 여유도 있었다.

남들이 보면 무계획적으로 보일 수 있지만, 나는 그들에게서 하나님에 대한 깊은 신뢰를 엿볼 수 있었다. 하나님을 믿는 사람들은 자녀 문제에서 자유롭다. 하나님이 키워 주신다는 것을 믿기 때문이다. 그렇다고 부모로서 아이들에 대한 책임을 다하지 않는다는 것은 결코 아니다. 내 힘으로 아이의 미래를 만들어 나가려는 욕심을 내려놓고 하나님의 손길에 전적으로 의지하면 아이를 존재 자체로 존중하면서 사랑으로 키울 수 있다.

그들의 당당함은 신앙인만이 가질 수 있는 용기라고 나는 생각한다. 세상적으로 보잘것없는 집에 산다고 해도 그들은 세상을 이겨 낼 분명한 가치관이 있기 때문에 이미 충분히 부자다.

2 결혼과 돈:
자녀 결혼, 경계선이 필요하다

돈도 없으면서 결혼한다?

"오빠, 난 이런 낡은 빌라는 싫어."

"나중에 도배랑 장판이랑 깨끗하게 새로 해서 들어가면 아파트와 거의 비슷해."

"그래도 난 싫어. 아파트 25평 정도는 돼야 엄마가 해 주는 가구나 냉장고 같은 걸 들여놓을 거 아냐? 15평 빌라 반전세라니 우리 부모님이 아시면 뭐라고 하시겠어? 그러잖아도 반대하는 결혼하느라 내가 눈치 엄청 보인단 말이야. 나중에 친구들이랑 교회 사람들 집들이도 해야 하잖아."

"그럼 내 형편이 이것밖에 안 되는데 어떡해?"

"그래도 어떻게 좀 해 봐, 오빠. 전세 대출도 있잖아."

"이미 받을 만큼 받았어. 내가 감당할 수도 없는데 어떻게 대출을 더 내? 너한테 정말 실망했어. 적어도 난 우리가 주님 안에서 한마음으로 살 줄 알았어. 그런데 이게 뭐야? 너도 다른 사람들처럼 돈, 돈 하고 있잖아."

"오빠. 내가 정말 돈 보고 결혼하는 애였으면 처음부터 가난한 오빠 선택 안 했어. 왜 그래? 결혼식도 교회에서 간소하게 하기로 했고, 반지도 금반지 하나로 하고, 웨딩드레스도 제일 싼 걸로 빌리기로 했잖아. 내가 양보하고 노력하는 만큼 오빠도 최소한의 성의는 보여 줘야 하잖아."

"어디서 살든 그게 무슨 상관이야? 우리만 좋으면 되지 왜 남들 눈을 의식해야 하느냐고? 네가 그런 마음으로 나랑 결혼하면 우리 결혼은 행복할 수 없어."

"그럼 어쩌자는 거야? 이제 와서 결혼 그만두자는 거야? 맘대로 해! 나도 정말 지쳤어."

어렸을 때부터 착실하게 신앙생활을 해 온 한호준 씨(가명, 32세)는 결혼을 앞두고 여자 친구와 말다툼이 잦아졌다. 청년부 회장, 주일학교 교사 등 교회 일에 열심히 봉사한 호준 씨는 교회 청년부에서 지금의 여자 친구를 만나 3년 동안 교제해 오다 결혼을 약속했다. 그런데 상견례 후 본격적으로 결혼 준비를 하던 두 사람은 신혼집 구하는 문제로 심한 갈등을 겪게 되었다. 좀처럼 이견을 좁히지 못한 두 사람은 결국 파혼하고 말았다.

엄마 믿고 무조건 결혼해

"무조건 결혼해. 엄마가 보기엔 괜찮은 사람 같아."

"만난 지 얼마나 됐다고 그래? 엄마, 일단 더 만나 보고 확신이 생기면 내가 알아서 엄마한테 얘기할게. 제발 강요 좀 하지 마."

"야, 그러다가 좋은 남자 놓치면 어떡하려고 그래?"

"그럼 하나님이 더 좋은 신랑감 보내 주시겠지. 뭘 걱정해?"

"이것아, 모르는 소리 하지 마. 우리 교회에 서른 넘기고도 시집 못 간 처녀들이 얼마나 많은지 알아? 박 권사 딸도 마흔인데 아직도 혼자 살잖아. 너도 눈이 있으면 교회에서 볼 거 아냐? 너도 그 꼴 나고 싶어서 그래? 너도 이제 낼모레면 서른이야, 서른!"

"엄마, 나 아직 스물여섯이야. 이제 직장 생활 겨우 시작했는데 왜 그렇게 서둘러?"

"시간이 금방 훅 지나니까 그렇지. 너 직장 생활 해 봐야 얼마나 모을 것 같아? 다 필요 없어. 여자는 그저 좋은 남자 만나서 결혼 잘하면 만사 끝이야. 철딱서니 없는 소리 하지 말고 눈 딱 감고 결혼해. 생긴 것도 그 정도면 됐고, 공사 직원이면 철밥통이잖아. 거기다가 교회까지 다닌다며? 세상에! 이렇게 완벽한 신랑감이 어디 있어? 이건 하나님이 너한테 보내 주신 짝이야. 엄마가 너 결혼을 위해 새벽마다 얼마나 기도했는지 너도 알지? 이건 기도 응답이야, 이것아!"

"엄마, 교회 다닌다고 무조건 결혼하는 게 어딨어? 가장 중요한 건 나랑 얼마나 잘 맞느냐는 거잖아. 아직 난 그 사람이 어떤 사람인지 모르겠어. 나 좋다고 쫓아다닌다고 무턱대고 결혼할 수는 없잖아."

"내 기도 응답이라니까 그러네. 옛날에는 얼굴도 안 보고 부모가 정해 주는 짝하고 결혼했어. 그래도 다 잘들 살았잖아. 나도 니 아버지 몇 번 안 보고 결혼했어. 너도 살아 보면 알겠지만 남자 다 거기서 거기야. 직장 하나만 든든하면 어떻게든 다 살아."

"말도 안 돼. 엄마가 그러니까 결혼하기 더 싫어!"

신랑감이 몹시 맘에 들었던 김영자 권사(가명, 59세)는 딸 한숙경 씨(가명, 26세)의 결혼을 막무가내로 밀어붙였다. 딸이 자신의 뜻에 따르지 않자 김 권사는 아예 단식하며 드러누워 시위에 들어갔다.

"엄마, 대체 왜 이래? 이러다가 진짜 아프면 어쩌려고 그래?"

"니가 엄마를 조금이라도 생각한다면 결혼해. 결혼하면 되잖아."

"싫어. 엄마 맘대로 해. 나도 몰라!"

"내가 누굴 위해서 이러는데? 다 널 위해서야!"

며칠 동안 엄마와 딸의 냉전을 지켜보던 한동철 집사(가명, 60세)가 결국 나섰다.

"그러지 말고 엄마 말 듣는 게 어떻겠냐? 엄마가 설마 너 못되라고 그러겠어? 다 너 잘되라고 저러는 거잖아."

"아버지까지 왜 그래요?"

"아버지가 봐도 그 정도면 괜찮은 사람이라서 그래. 요즘 직장도 괜찮으면서 교회까지 다니는 청년 만나기가 힘든 건 사실이잖아. 저러다가 엄마가 쓰러지기라도 하면 어쩌냐? 몸도 약한 사람이 자기 성질을 못 이겨서 저러는데 니가 져 줘라."

"아버지, 그래도 이건 내 인생이 걸린 거라고요."

"엄마 말이 맞는 부분도 있어. 결혼해서 살면 다 거기서 거기야. 괜히 직장 생활 하느라 고생하지 말고 남편이 벌어다 주는 거 받아서 살림하면서 편하게 살아. 아버지는 니가 고생 안 하고 행복하게 사는 거 보는 게 소원이야. 엄마도 마찬가지고."

"…"

결국 아버지의 설득에 못 이겨 숙경 씨는 마음을 고쳐먹고 결혼하기로 했다. 부모님이 이렇게까지 결혼하라고 강권하는 데는 뭔가 하나님의 뜻이 있지 않을까 하는 마음이 들어서였다. 따지고 보면 남자의 조건이 그리 나쁜 것은 아니었다. 신랑의 좋은 직장에 부러워할 친구들의 표정도 떠올랐다.

하지만 결혼한 지 얼마 되지 않아 숙경 씨는 남편이 이미 한 번 이혼한 사실이 있다는 것을 알게 됐다. 단지 혼인 신고를 하지 않았을 뿐이었다. 그리고 남편은 술만 마시면 숙경 씨에게 폭력을 일삼았다. 딸에게 결혼을 강요했던 김 권사는 딸의 불행한 결혼 앞에서 망연자실했다.

"휴… 미안하다. 엄마가 미쳤나 보다. 눈이 멀었어. 어떻게 이런 일이… 그래도 뭔가 하나님의 뜻이 있겠지 생각했는데 내 욕심 때문에 널 이렇게 만들었구나."

김 권사는 후회했지만 그때는 이미 늦고 말았다. 결국 숙경 씨는 몇 년 동안 남편의 폭력으로 인해 고통에 시달리다가 이혼했다.

최고의 결혼인 줄 알았는데…
"얘, 아가. 이 옷 어떠니?"

한진숙 권사(가명, 61세)는 백화점 여성복 매장 거울 앞에서 새 옷을 입은 자신의 모습을 이리저리 비춰 보며 말했다.

"네, 어머니. 너무 잘 어울리세요."

"네, 손님. 우아하신 모습이 딱 손님 옷이네요."

"호호, 그래요? 그럼 이걸로 할게요. 이건 얼마죠?"

"네. 65만 원입니다."

"아가, 이 옷 너한테 선물 받고 싶은데 괜찮겠니?"

"아, 네. 그, 그럼요. 어머니."

김세라 씨(가명, 31세)는 얼른 가방에서 카드를 꺼내 백화점 직원에게 건네줬다. 그리고 속삭이듯 말했다.

"10개월로 해 주세요."

"네, 알겠습니다."

"왜? 너 요즘 병원이 잘 안 되니?"

"아, 아뇨."

"걱정 마. 앞으로 너네 병원 잘될 거야. 내가 예언 은사 받은 기도원 목사님한테 여쭤 봤는데 하나님께서 너한테 다음 달부터 엄청 축복을 부어 주신다더라. 그래서 내가 100만 원 헌금까지 하고 왔어. 나중에 그 돈 줘야 한다. 그리고 우리 교회 중보기도 팀에도 기도 제목으로 넣어 놨어. 거기서 응답 받은 사람이 한둘이 아니야. 나도 새벽마다 기도하는데 대체 뭘 걱정해. 니들은 안 되려야 안 될 수가 없다니까. 아, 덥구나. 어디 시원한 데 가서 빙수나 먹으면 좋겠다."

"네, 어머니. 제가 안내할게요."

3개월 전에 결혼한 세라 씨는 시어머니와 따로 만나 쇼핑하는 시간이 몹시 부담스러웠다. 모든 비용을 세라 씨가 감당해야 했기 때문이다. 하지만 어머니가 불러내는데 거절할 도리가 없었다. 세라 씨는 1년 전 교회 선배로부터 김현석 씨(가명, 35세)를 소개 받아 6개월간 교제하다가 결혼을 했다. 현석 씨는 국내 명문대를 졸업한 후 미국 하버드대학에서 박사학위를 받고 최근 서울 근교의 한 대학에서 전임 강사로 일하고 있었다. 세라 씨는 의대를 졸업한 후 선배 병원에서 페이닥터로 일하다가 아버지의 도움으로 1년 전 동네 상가에 치과 병원을 개업했다. 하지만 예상만큼 수입이 많지 않아 고전을 하는 중이었다.

　　현석 씨의 스펙이 훌륭하긴 했지만, 세라 씨의 마음을 움직인 건 현석 씨의 어머니가 신앙이 깊은 권사님이라는 점이었다. 현석 씨의 어머니 한 권사는 일찍 남편을 잃고 한식당을 하면서 어렵게 아들을 공부시켰다. 식당이 다행히 맛집으로 소문이 나면서 한 권사는 돈을 많이 벌었고 아들을 유학까지 보낼 수 있었다.

　　하지만 최근 지병인 허리 디스크가 재발되면서 식당을 다른 사람한테 넘기고 집에서 쉬고 있었다. 한 권사에게 아들은 인생의 전부였고, 그래서 아들의 결혼은 자기 인생의 결과물처럼 느껴졌다. 한 권사는 며느릿감인 세라 씨가 의사라는 점이 맘에 들었다. 게다가 세라 씨의 아버지가 경제력 있는 장로님이라는 것도 맘에 들었다. 아들이 교수가 되긴 했지만 수입이 기대만큼 많지 않았다. 그래서 한 권사는 아들을 교수로 만들기까지 고생한 보람을 며느리로부터 찾고 싶어 했다.

남들이 갖고 싶어 하는 스펙과 안정적인 미래를 모두 갖춘 현석 씨와 세라 씨의 결혼은 많은 교인들의 부러움과 축복 속에서 성대하게 치러졌다. 하지만 그들의 결혼생활은 기대처럼 행복하지 않았다.

"이번 달만도 어머니 쇼핑 비용으로 400만 원이 나갔어요. 해도 해도 너무하신 거 아니에요? 게다가 멀쩡한 집을 수리하신다고 2천만 원 만들어 달라고 하시는데 우리가 무슨 돈이 있다고 그러시는지 정말 이해할 수가 없어요. 그뿐이 아니에요. 친구분들 주룩 데려오셔서 치료는 물론이고 비싼 임플란트까지 공짜로 해 달라고 우기시니, 정말 왜 그러시는지 모르겠어요."

"내가 말했잖아. 엄마가 날 혼자 키우느라 고생을 많이 하셨다고. 당신이 자랑스러워서 그러시는 건데 자기가 좀 이해해 줘."

"저도 그동안 이해하려고 애썼어요. 그래도 계속 이렇게 나가다간 우리 삶이 엉망이 될 것 같아요."

"왜? 돈이 아까워서 그래?"

"내가 말하는 요지는 그런 게 아니잖아요."

"시간이 되면 나라도 모시고 다녔을 거야. 엄마가 언제까지 그러시겠어? 그냥 며느리랑 같이 시간 보내는 게 좋아서 그러시는데 그것도 못 맞춰 드린다는 게 말이 돼? 엄마 집 고치면 결국 그 집은 내 재산이나 마찬가지인데 투자한다고 생각하고 드리면 되잖아. 엄마가 우리랑 같이 살자고 안 하시는 것만도 감사할 줄 알아야지."

"당신은 나랑 왜 결혼한 거예요? 내가 돈 버는 기계인 줄 알아요? 요즘은 병원도 안 돼서 인건비에 가겟세 내기도 버겁다고요."

"그럼 월급쟁이인 나더러 어쩌라는 거야?"

"어머니를 말려야죠."

"당신 꼭 그렇게 해야겠어?"

"예. 언제까지 어머니 낭비벽에 맞춰 드릴 순 없잖아요. 당신도 이제 결혼했으면 어머니 그늘에서 벗어나야 해요. 성경에도 나오잖아요. 부모를 떠나 아내와 연합하라고."

"당신한테 정말 실망이야. 난 그래도 당신이 믿음 생활도 열심히 하고 해서 다른 여자들과는 다를 거라고 생각했어."

"현석 씨, 이성적으로 생각해 봐요. 이건 믿음과는 다른 이야기라고요."

"그만해. 더 이상 말하고 싶지 않아. 피곤해."

남편 현석 씨는 서재로 문을 쾅 닫고 들어가 버렸다. 세라 씨는 순간 하늘이 무너지는 것처럼 절망스러웠다. 대체 이 결혼이 어디서부터 잘못된 건지 알 수가 없었다. 자신이 내심 남편의 교수라는 직업과 스펙에 너무 마음을 빼앗긴 건 아닌가 싶어서 후회도 됐지만 이미 엎질러진 물이었다.

서로 불편한 관계임에도 불구하고 세라 씨 부부는 주일에 가면 다정한 부부 행세를 했다. 그리고 집으로 돌아와서는 다시 냉전을 이어 갔다. 세라 씨는 친정 부모한테도 말 못 하고 혼자 눈물로 지새우는 밤이 늘어 갔다. 금요일이 되자 어김없이 시어머니로부터 연락이 왔다.

"여보세요?"

"아가, 너 내일 시간 좀 비워라."

"어머니, 죄송해요. 제가 요즘 몸이 좀 안 좋아서요."

"그래? 혹시 돈 때문에 그러니?"

"네에?"

"그러잖아도 현석이한테 얘기 들었다. 네가 나한테 돈 쓰는 거 아까워한다면서?"

"네에? 현석 씨가 그런 말을 했어요?"

"현석이랑 나는 비밀 같은 거 없는 사이야. 우리가 보통 모자지 간이 아니잖니. 그나저나 널 딸처럼 생각했는데 정말 서운하구나."

"죄, 죄송해요. 그게 아니라…."

"내가 현석이 미국 유학시키느라 들어간 돈이 얼만 줄이나 아니? 그런데 고작 그거 쓴 거 가지고 그렇게 생색을 내? 너 그렇게 안 봤는데 참 이기적인 아이로구나."

"네에? 이기적이라니요?"

"너 우리 현석이 스펙이 맘에 들어서 결혼한 거잖아. 그런데 그걸 날로 먹으려고 하니? 교수 부인, 그거 아무나 하는 거 아니다. 학벌 있다고 다 교수 되는 것도 아니야. 다 내 눈물의 기도로 교수 만든 거야. 이왕 말 나왔으니 하고 싶은 말 다 하자. 교회 다닌다는 애가 넌 십계명도 모르니? 네 부모를 공경하라고 분명히 나와 있잖

아. 부모를 공경해야 하나님도 복 주시는 거야. 알겠니?"

"어머니, 정말 너무하시네요. 현석 씨만 돈 들여서 공부한 거 아니에요. 저도 의대 다니면서 우리 부모님이 돈 많이 쓰셨어요."

"어머머, 너 지금 나한테 대드는 거니?"

"그게 아니라요, 어머니 말씀하시는 게 그렇잖아요. 현석 씨는 어머니 아들이기도 하지만 제 남편이기도 해요."

"네가 뭘 착각하는 모양인데, 너 이런 식으로 하면 현석이한테 너랑 헤어지라고 말할 수도 있어. 알겠니?"

"네에? 어머니, 어떻게 그런 심한 말씀을…."

"그러니까 이혼당하고 싶지 않으면 나한테 잘해. 이거 너한테 주는 옐로카드야."

세라 씨는 말문이 막혀서 더 이상 아무 말도 할 수 없었다. 망치로 한 대 얻어맞은 것처럼 멍해졌다. 그저 알 수 없는 불행의 검은 그림자가 자신의 목을 점점 옥죄고 있는 기분이었다. 결혼하기 전, 세라 씨는 신실한 교회 청년으로부터 프러포즈를 받은 적이 있다. 청년의 믿음과 사람 됨됨이는 맘에 들었지만 직장이 좋지 않아서 두 번 생각하지 않고 거절했다. 세라 씨는 그제야 자신이 교회 안에서 얼마나 세상의 방식으로 살았는지 깨달았다.

세라 씨는 속으로 중얼거렸다. '주님, 잘못했습니다. 세상적인 조건에 눈이 멀어서 믿음을 먼저 보지 못했습니다.' 엎드려 기도하는 세라 씨의 눈에서 하염없는 회개의 눈물이 흘러내렸다.

자녀 결혼 앞에서 한순간에 무너지는 믿음

결혼 상대를 볼 때 가장 중요하게 여기는 조건을 살펴보면 내가 지금 어느 방향을 향하고 있는지 알 수 있다. 세상인지 아니면 하나님인지. 결혼을 통해 하나님이 주인 되시는 믿음의 가정을 꾸리고 싶은지 아니면 세상적으로 안정되고 성공적이라고 칭찬 받는 결혼을 하고 싶은지가 분명하게 드러나는 것이다. 많은 크리스천 젊은이와 부모들이 결혼 앞에서 실족하는 것도 그 선택이 어떤 시험보다도 어렵고 까다롭기 때문이다.

자녀의 결혼 앞에서 많은 크리스천 부모들이 그동안 쌓아 온 믿음을 한순간에 무너뜨리는 것을 본다. 부모의 사랑이 하나님의 뜻보다 앞서 있을 때 주로 발생한다. 목숨처럼 소중한 자녀가 고생길로 들어서는 것을 도저히 볼 수 없는 부모의 마음이 도리어 자녀를 불행으로 몰아넣는 것이다.

우리나라는 특히 부모 자식 간에 분명한 선이 그어지지 않아 자녀가 결혼한 후에도 부모는 자녀가 이룬 가정에 지속적으로 영향을 미친다. 자녀가 독립해야 할 시기에도 자녀를 세상에 내보내지 않는 것은 전적으로 부모의 책임이다. 자녀가 계속해서 부모를 의지하게 만들기 때문이다. 결혼은 자녀에게 새로운 삶의 출발이다. 그러므로 자녀가 자신의 삶을 살아갈 수 있도록 보내 주는 것이 성경적이다. 성경은 분명히 자녀가 결혼하면 부모를 떠나야 한다고 말씀한다.

이러므로 남자가 부모를 떠나 그의 아내와 합하여 둘이 한 몸
을 이룰지로다 창 2:24

한 결혼정보업체에서 조사한 결과에 따르면 2016년 평균 결혼
비용은 2억 7420만 원이라고 한다. 이중 1억 9000만 원이 신혼집
비용이다. 젊은 신랑 신부가 감당하기에는 너무나 큰 금액이다. 이
런 사정 때문에 부모가 대출을 내서라도 결혼 비용의 많은 금액을
감당하는 것이 요즈음 추세다. 이것은 그대로 부모의 노후 준비에
직격탄이 된다.

자녀가 결혼하는 시기는 대부분 부모가 퇴직을 앞두고 있거나
퇴직 후인 경우가 많다. 이때는 어떻게 해서든 지출 규모를 줄이
고 본격적인 노후 준비에 들어가야 한다. 그런데 부모는 집을 줄이
거나 빚을 내는 등 자신의 노후까지 포기하면서 자식을 위해 무모
하게 희생을 감수하려고 한다. 이 마음을 더 깊이 살펴보면 자녀가
내 미래를 책임져 주겠지 하는 기대가 서려 있다. 남들 앞에서 체
면을 깎이고 싶지 않은 욕심도 숨어 있다. 자식은 곧 부모의 얼굴
이라고 믿기 때문이다.

그런데 문제는 분에 넘치는 성대한 결혼식을 치르고 나면 그 뒷
감당을 부모가 오랫동안 고통 속에서 감내해야 한다는 것이다. 남
들에게 보이기 위한 허례허식은 결국 부모와 자식의 미래를 병들
게 한다. 부모의 취약한 노후가 고스란히 자녀의 짐으로 이어지기
때문이다.

일반적으로 미국에서는 자녀가 대학을, 혹은 고등학교를 졸업하면서 부모의 역할은 마무리된다. 그다음 취직을 해서 사회생활을 하고 좋은 짝을 만나서 결혼하는 것은 전적으로 자녀의 몫이다. 신혼집도 대부분 월세에서 시작한다. 집을 사더라도 많은 사람들이 은행에서 대출을 내고 평생 동안 갚아 간다.

하지만 한국에서는 자녀의 결혼식은 물론 그 후에도 가전제품을 AS해 주듯 부모의 도움의 손길이 자녀에게 꾸준히 흘러간다. 손주라도 생기면 수시로 자녀 집으로 불려 가 자녀양육에 힘을 보탠다. 혹시라도 딸이 맞벌이를 하는 경우 대부분 친정엄마가 육아를 감당하게 된다. 죽을 때까지 자녀에게 헌신하고 희생하며 살아가는 것이다. 부모의 도움은 도리어 자녀를 독립적이지 못한 인간으로 퇴보시킬 수도 있다. 크리스천은 자녀에 대한 하나님의 계획하심과 인도하심을 기다리고 바라볼 힘을 가져야 한다. 자녀가 부모를 섬기고 부모가 자녀를 사랑하는 것은 자연스럽고 아름다운 일이다. 하지만 부모 자식 간에도 분명한 경계선이 필요하다. 그 경계선을 넘어설 때 양쪽 모두가 서로 의도하지 않은 피해를 입게 되는 것이다.

크리스천에게 결혼이란 무엇인가

3포 세대, 5포 세대에 이어 요즈음은 N포 세대로 바뀌었다고 한다. 연애, 결혼, 출산, 내집마련, 인간관계뿐 아니라 손에 꼽기 힘들 정도로 여러 가지를 포기해야 하는 젊은 세대를 일컫는 말이다. 그래서인지 요즘은 주변에서 누가 결혼한다고 하면 고마운 마음까지 생기면서 무턱대고 축복해 주고 싶다. 취업 전쟁과 전셋값 폭등 등 젊은이들이 결혼을 포기하게 만드는 악재는 결국 돈에서 비롯된다. 일반인들의 사정이 이러한데 크리스천들은 더욱 힘든 여건일 수밖에 없다. 결혼 상대자 중에서도 믿음의 배우자를 만나야 하기에 낙타가 바늘귀를 통과하는 것처럼 더욱 어려워지는 것이다.

먼저 크리스천에게 결혼의 목적이 무엇인가 생각해 보자. 우리들교회에 다녔을 때 아내는 한 구절을 써서 화장실에 예쁘게 붙여놓았다. "결혼의 목적은 행복이 아니라 거룩입니다." 김양재 목사님이 자주 인용하셨다. 크리스천이라면 누구나 깊이 마음에 새겨야 할 말씀이라고 생각한다. 많은 사람들이 지금과는 다른 새로운 행복을 꿈꾸며 신혼생활을 시작한다. 하지만 결혼은 연애의 연속이 아니라 새로운 삶의 시작이다. 그 안에는 예기치 못한 많은 갈등과 문제들이 도사리고 있다.

결혼을 통해서 배우자로부터 사랑과 섬김을 받겠다거나, 그동안 이루지 못한 꿈을 이뤄 보겠다고 생각하면 시작부터 단추를 잘못 끼우는 것이다. 친정의 압박에서 벗어나기 위해, 더 이상 하기 싫은 직장 생활을 끝내기 위해 등으로 결혼을 선택하는 여성들도 있다. 그런데 많은 젊은이들이 간과하는 부분이 있다. 전혀 다른 사고방식과 생활 패턴을 갖고 살던 남녀가 만나서 한 가정을 이룬다는 것은 결코 쉬운 일이 아니라는 점이다. 결혼이야말로 주님께로 가는 여정에서 큰 십자가라고 할 만큼 인내와 섬김의 자세가 기본적으로 필요하다.

아내와 나(데이비드 서)는 각각 결혼에 실패한 경험이 있기에 결혼에서 남녀가 빠지기 쉬운 함정을 뼈저리게 알고 있다. 그래서 행복한 가정을 만들기 위해 부부학교에 등록하기도 하고 부부 상담도 여러 차례 받았다.

이마고 테라피(Imago Therapy, 부부 상담 기법 중 하나) 이론에 의하면, 결혼은 부부가 각자 자신의 부모와 가장 흡사한 배우자를 택한 후, 부모로부터 받지 못한 것에 대한 상처를 배우자를 통해 회복하고자 하는 욕구를 반영한다고 한다. 매우 공감 되는 말이다. 배우자는 서로의 거울 역할을 해 주는 사람이다. 우리가 죄인인 것을 배우자처럼 적나라하게 드러내 주는 사람은 없다. 다른 사람에게는 교양이나 예의로 감출 수 있는 허점과 단점들이 부부 사이에는 여과 없이 드러난다. 그만큼 가깝기 때문이다.

나는 미국적인 사고방식을 갖고 있어서인지 타인에게는 그다지 상처를 받지 않는 편이다. 예를 들어 누군가 나를 흉본다 해도 그것은 그의 생각일 뿐이고 나의 실체와는 거리가 있다고 생각한다. 그래서 타인과 갈등을 일으키지 않고 지극히 신사적이고 이성적으로 감정을 조절할 수 있다. 하지만 유일하게 조절이 안 되는 상대가 바로 아내다.

아내가 하는 말은 슬쩍 스치기만 해도 내게 상처를 준다. 그만큼 아내 앞에서는 감정의 갑옷을 입지 않은 채 맨살로 대하기 때문이다. 아내의 작은 칭찬에도 엔도르핀이 마구 생성되면서 기분이 좋아지고 뭐든지 다 할 수 있을 것 같은 기분이 되는 것도 같은 맥락에서다.

우리는 누구나 하나님 앞에서 죄인이다. 다른 사람들 앞에서는 의인의 옷을 입고 가장할 수 있지만 하나님 앞에서는 그럴 수 없다. 하나님은 나의 속마음까지도 꿰뚫어 보시는 분이기 때문이다. 하나님은 우리가 죄인의 길에서 회개하고 돌이켜 하나님께로 돌아오길 원하신다. 그러기 위해서는 내가 죄인인 것을 자각할 수 있어야 한다.

부부는 그 역할을 서로에게 잘해 줄 수 있는 관계다. 그럼에도 부부의 가장 중요한 역할은 무엇보다 서로를 사랑하는 것이다. 부부는 예수님과 교회처럼 신앙과 삶 속에서 하나 되는 에하드(히브리어로 '하나 됨'이라는 뜻)를 경험할 수 있고, 그렇게 되기 위해 노력해야 한다.

3 내집마련과 돈:
내 집은 하우스인가, 홈인가

집을 사야 하는 이유

"무슨 일이 있어도 집은 꼭 있어야 해."

"엄마, 우리 형편에 당장 집을 사는 건 어려워."

권순희 권사(가명, 60세)와 아들 조윤수 씨(가명, 33세)는 몇 달째 집 때문에 갈등을 겪고 있다.

"요즘 대출 이자 싸잖니? 이럴 때 집을 장만해야지 언제 장만할 거야? 어차피 집은 무리해서 장만하는 거야. 허리띠 바짝 졸라매고 저질러야지 이래저래 미루면 못 사."

"그래도 우리 결혼한 지 이제 3년밖에 안 됐어요. 아직 전세 대출도 다 못 갚았는데 무슨 돈으로 집을 사요? 이제 곧 아기도 나올 텐데 그럼 지혜 직장도 그만둬야 해요."

"그러니까 더욱더 집이 있어야 한다는 거야. 애까지 낳아서 이 집 저 집 옮겨 다니며 고생할래? 지금 아버지한테 퇴직금 남아 있을 때 좀 도와 달라고 해. 더 지나면 너희 도와줄 여유도 없어. 느이 아버지가 내 말만 들었어도 지금 너네 집 하나는 충분히 챙겨 줬을 텐데, 그때 내 말 안 듣고 부동산에 투자를 안 해서 지금 이 모양 이 꼴이잖니. 양 권사네는 그때 부동산 투자한 덕에 저렇게 축복을 받아서 집이 몇 채나 되잖아. 하나님이 엄마한테 직감을 부어 주셨는데 느이 아버지가 고집부리는 바람에… 어휴, 속상해! 그러니까 너도 아버지 꼴 되지 말고 집에 투자해 놓으란 말이야. 집값은 절대로 안 떨어지니까.”

“엄마, 이제 더 이상 집값 안 오를 거래. 집에 투자해서 돈 버는 건 힘들어. 그건 엄마 아빠 때 얘기야.”

“니가 아직 뭘 몰라서 그래. 살아 보면 집이 얼마나 중요한지 알게 될 거야. 어쨌든 무슨 일이 있어도 집 한 칸은 꼭 있어야 해. 그러니까 잔말 말고 무조건 집부터 사.”

그때 외출해서 돌아온 김석인 장로(가명, 64세)가 현관문을 열고 들어왔다.

“아버지, 저 왔어요.”

“어, 그래. 너 왔구나.”

“지혜도 곧 퇴근해서 이리로 올 거예요.”

권 권사는 아들에게 눈을 찡긋거리며 남편에게 말했다.

“여보, 얘네 집 산다고 하네요. 당신이 좀 보태 줘야 하지 않아요?”

“내가 무슨 돈이 있다고 그래? 전세금 마련할 때 1억이나 대 줬으면 됐지, 더 이상 뭘 바라?”

“바라긴 누가 바란다고 그래요? 내가 하는 말이지. 그럼 얘네 전셋값이 천정부지로 오르는데 집도 없이 떠돌이로 살게 놔둬요? 교회 사람들이 욕해요. 당신 퇴직금 있는 거 다 아는데."

"욕을 하긴 누가 한다고 그래? 우리도 10년 떠돌다 집 샀어. 지들이 돈 모아서 사면 되지, 당신이 왜 설치고 난리야?"

"언제 돈 모아서 사요? 그사이에 집값이 계속 오르는데. 애가 돈 모아서 사려면 30년 후에도 못 사요. 방송에서도 나왔다고요. 양 권사는 아들 결혼할 때 아예 아파트 한 채 사 줬답디다. 그것도 강남에다가."

"그 사람들은 돈이 많아서 그러는 거고, 그게 우리하고 무슨 상관이야."

"그러지 말고 한 5천만 원만 더 보태 줍시다. 그럼 애들이 대출 좀 내서 번듯한 아파트 하나 살 수 있잖아요."

"이 할망구가 5천만 원이 누구 이름인 줄 아나? 시끄러워! 난 몰라. 주고 싶으면 당신이 돈 벌어서 줘!"

김 장로는 쾅 소리가 나게 방문을 닫고 들어가 버렸다.

"어이구, 죽을 때 싸들고 갈 것도 아닌데 왜 그렇게 짜게 굴어요? 이번에 집 사는 데 도와주면 애들이 나중에 어련히 알아서 효도할까 봐."

"휴, 엄마. 그만 좀 하세요. 정 그러면 제가 대출 내서 집 살게요."

"그래. 잘 생각했다."

결국 어머니의 강요에 못 이겨 윤수 씨는 2억 원의 대출을 내서 집을 장만했다. 하지만 중소기업에 다니던 아내 전지혜 씨(가명, 31

세)는 자녀 출산 이후 직장을 그만둘 수밖에 없었다. 육아에 들어가는 비용이 늘어나면서 윤수 씨는 경제적 압박에 시달리게 됐다. 끝내 카드 돌려막기까지 하면서 생활비를 마련해야 했던 윤수 씨는 어머니 말을 듣고 덜컥 집을 산 것을 후회했지만 이미 때는 늦었다. 집값이 떨어져 당장 팔아도 고스란히 손해를 보게 됐기 때문이다. 매수자도 나타나지 않아서 매월 빚을 갚으며 사는 것이 고역이었다.

강남을 떠날 수 없는 사람들

강남에서 태어나 강남에서 자란 홍정우 씨(가명, 45세)는 아무리 전셋값이 치솟아도 강남을 떠난다는 생각을 해 본 적이 없다. 결국 5억 원까지 오른 전셋값을 감당하기 위해 최근 안정적으로 다니던 직장을 그만두고 더 높은 연봉을 제시한 작은 회사로 자리를 옮겼다. 미국 유학파인 정우 씨가 전공한 기술이 최근 각광받는 첨단 지식 산업에 필요한 기술이기에 가능한 일이었다. 정우 씨는 초등학교 2학년인 딸의 미래와 안전을 위해 강남을 사수해야 한다고 믿고 있다. 정우 씨는 강남 이외의 다른 지역은 미래가 보장되지 않는 위험하고 불안정한 곳이라고 생각했다. 정우 씨의 연봉은 1억원 정도 되지만, 월수입 800만 원 중에서 자녀 교육비와 전세 대출원리금이 빠져나가고 나면 남는 것은 300만 원 정도였다. 늘 빠듯한 생활비로 지친 아내는 정우 씨에게 사정하듯 말했다.

"여보, 우리 다른 곳으로 이사 가자. 이 돈이면 다른 데서 편하게 살 수 있어. 경기도 외곽으로 나가면 집도 살 수 있어. 고생하면서 강남을 고집해야 하는 이유를 난 모르겠어."

"사람들이 다 강남으로 오지 못해서 난린데 무슨 소리야? 강남에서 한 번 나가면 다시 들어오기 힘들어. 우리 희영이 앞날을 생각해서라도 무조건 여기서 버텨야 해."

"나도 우리 희영이 미래에 대해서 누구보다 걱정이 많고 생각이 많아. 하지만 이건 아닌 것 같아. 꼭 강남에 있어야만 좋은 대학 가는 건 아니잖아. 희영이가 저녁 때 바이올린 레슨까지 마치고 파김치가 돼서 들어오는 것을 보면 안쓰러워 죽겠어. 우리 모두 행복하지 않아. 희영이도 나도, 그리고 당신도 밤늦도록 일하느라 고생하잖아."

"난 괜찮아. 더 좁은 집으로 이사 가는 한이 있어도 난 강남을 떠날 생각이 없으니까 당신도 자꾸 이상한 소리 하지 마."

"여보, 집이라는 게 뭐야? 우리 세 식구가 편하고 행복하게 살 수 있는 곳이 집이잖아. 당신 얘길 들으면 집이라는 게 우리랑 상관없는 곳 같아서 마음이 답답해져. 마치 강남에 사는 게 우리 삶의 목적이고 전부인 것 같아. 당신한테는 하나님보다 강남이 더 위인 것 같아."

"대체 무슨 소리 하는 거야? 거기서 하나님이 왜 나와? 내가 강남을 떠나기 싫은 이유는 지금까지 다니는 교회를 옮기고 싶지 않아서이기도 해."

"우리가 어디서 살든 교회는 옮기지 않고 다닐 수 있어. 내가 아는 선배 언니도 한 시간 걸려서 교회에 다닌대."

"교회 사람들이 다 내가 잘나가는 줄 아는데 이제 와서 다른 곳으로 이사 간다고 하면 뭐라고 하겠어? 난 우리 애가 교회에서 기죽고 사는 것도 싫고, 나도 불편해서 싫어."

"당신한테는 교회가 대체 뭐야? 우리가 어디서 살든 그게 무슨 상관인데? 당신의 그런 생각 자체가 크리스천답지 않아. 교회에서 기죽고 사는 게 싫으면 옮기면 되잖아. 우리 교회에만 하나님이 계신 것도 아니잖아."

"당신이 뭘 안다고 그래? 제발 세상 물정 모르면 가만히 있어. 내가 이번에 직장 옮길 수 있었던 것도 김 장로님이 가운데서 다리를 놔 줘서 가능했던 거야. 우리 교회 자체가 튼튼한 인맥인데 여길 왜 포기해?"

"휴, 당신 얘기 듣다 보면 교회 다니고 싶은 마음이 사라지려고 해. 당신 맘대로 해."

두 사람은 더 이상 대화를 할 수가 없었다. 정우 씨의 신념이 너무나 확고했기 때문이다.

내 집은 하우스인가, 홈인가

나(김의수)는 결혼할 때 32평 아파트에서 출발했다. 사업하시던 아버지 덕분에 부산에서 200평 되는 집에서 오랫동안 살다가 결혼을 하면서 32평 아파트로 이사를 하니 집이 매우 좁게 느껴졌다. 그 후 아버지의 사업이 부도가 나면서 나는 거액의 빚을 진 채 거리로 내몰렸다. 1998년 4월, 우리 가족(나와 아내, 그리고 장애가 있는 딸 희은이)은 서울로 이사했다.

당장 갈 곳이 없었던 우리는 한 달간 쪽방에서 지내야 했다. 그 쪽방도 장인 장모님이 사시는 곳에서 창고를 하나 내준 것이었다. 연탄불과 풍로가 놓인 부엌 문턱을 넘으면 작은 방이 있는 허름한 창고였다. 장인어른은 출판업을 하시다가 사업이 기울면서 어렵게 되셨다. 하나뿐인 화장실은 처가 식구들과 함께 써야 했고, 방은 너무 좁아서 아내와 딸 희은이가 바로 누우면 나는 똑바로 누울 수조차 없었다.

그 후 큰 주택에 살던 교회 선배가 방 한 칸을 내주어서 그곳에서 석 달간 살았다. 그러다가 드디어 보증금 2700만 원의 13평 과천 주공아파트에 살다가 교회가 가까운 성내동 조양빌라로 이사했다. 우리가 살게 된 곳은 방이 두 칸이었다. 그런데 두 개의 방 모두 너무 작아서 한 방에서 세 식구가 다 잘 수가 없었다. 결혼할 때 아내가 혼수로 장만한 장롱은 아예 방에 들어가지도 않아서 쪼개서 사용했다.

빌라는 꼭대기 층이라서 여름에는 몹시 더웠다. 한낮에 뜨거워진 지붕은 밤 12시가 되어야 식었다. 누군가 중고 에어컨을 선물했지만 전단지 돌리기 등으로 겨우 살아가던 때였기에 전기세가 부담돼서 사용하지도 못했다.

그 후 같은 성내동에 큰 방 한 칸짜리 빌라로 이사했다. 방은 한 칸이었지만 넓어서 온 가족이 함께 잘 수 있어서 좋았다. 집에서 교회 청년 모임을 자주 가졌고, 선교 모임도 우리 집에서 할 때가 많았다. 지금 생각해도 신기한 일이다. 사람들이 다 들어가지도 못하는 작은 방에 옹기종기 모여 앉아 마음을 나누면 모두 한 식구가 되는 것 같았다. 개중에 더 넓고 큰 집에 사는 사람도 있었지만, 다들 우리 집에서 모이면 마음이 편안하다고 했다.

하긴 누가 와도 가진 게 없는 우리로서는 두려울 것이 없었다. 간혹 부모와 함께 따라온 아이들이 가구를 긁거나 훼손하는 일이 있어도 걱정할 필요가 없었다. 훼손할 만한 가구도 없거니와 이미 장롱 등은 방에 맞추느라 훼손되어 있었기 때문이다. 모여서 먹는 음식도 십시일반으로 돈을 모아 삼겹살을 구워 먹는 게 고작이었다. 내 인생에서 가장 힘든 시기였던 그때가 우리 모두에게 행복한 추억으로 남아 있는 것은 놀라운 하나님의 축복이다. 그때 함께 시간을 보낸 청년들이 지금은 결혼을 해서 신혼부부 팀으로 지금도 우리와 함께하고 있다.

얼마 전 아내와 조양빌라에 살 때의 이야기를 하게 됐다. 놀랍게도 아내는 그때가 그다지 힘든 기억으로 남아 있지 않다고 했다. 고통스럽게 견디며 산 세월이 아니라 힘들지 않게 넘긴 시간들이라고 고백했다. 수시로 아픈 희은이를 업고 3층까지 오르내리며 병원으로 달려야 했던 아내에게 조양빌라가 악몽처럼 느껴지지 않는 것은 신기한 일이다. 그 당시 우리 가족이 찍은 사진을 우연히 본 적이 있다. 아내의 모습은 난민처럼 초라했다. 누가 봐도 가난한 사람의 행색이었다. 아내는 사진을 보고 깜짝 놀라며 "어? 내가 이랬

나? 전혀 기억이 안 나는데" 하며 웃었다.

우리 가족이 그때 그 작은 집에서 잘 지낼 수 있었던 것은 우리에게 하나님의 말씀이 있고 은혜가 있었기 때문이다. 성령이 함께 계시면 어떤 누추한 집이라도 그곳은 하나님이 거하시는 성전이될 수 있다. 그 안에선 세상적인 기준이 힘을 발휘하지 못한다. 집이 몇 평인지, 방이 몇 칸인지는 중요하지 않다. 가족이 서로 사랑하며 하나 되어 주님만 의지하며 사는 곳, 그곳이 바로 천국이다.

세상적으로는 조양빌라는 우리 가족의 가난과 고난이 새겨진 곳이다. 하지만 우리 안에 하나님이 계셨기에 그곳은 우리에게 작은 천국이었고, 진실 되고 충실한 삶의 현장이었다. 그 작은 집은 단순히 거주 목적의 하우스(house)가 아니라, 가족이 함께 살아가는 공간인 홈(home)이었던 것이다.

4 노후와 돈:
크리스천의 노후, 세상과 달라야 한다

고령화 사회와 노후 파산

김학규 씨(가명, 80세)는 공공 임대 주택에서 혼자 살아가고 있다. 중견기업 임원으로 퇴직한 학규 씨는 젊은 시절 탁월한 능력을 인정받아 성공 가도를 달렸던 사람이다. 두 아들은 공부를 잘해서 주위 사람들의 부러움을 한 몸에 받던 시절도 있었다. 큰아들은 서울대학교를 졸업하고 박사학위를 받기 위해 미국에 유학을 갔다가 아예 눌러앉아 살고 있다. 연세대학교를 졸업한 둘째 아들은 중국에서 사업을 하다가 망한 후 연락이 두절된 상태다.

중년 시절 학규 씨는 자녀들의 교육비와 결혼 자금을 대느라 노후 자금을 제대로 모을 수 없었다. 두 아들은 독립한 뒤 각자 삶을 살아내기도 바빠서 학규 씨 부부를 돌볼 겨를이 없다. 암에 걸린 아내는 4년 동안 투병 생활을 하다가 작년에 세상을 떠났다. 미국에서 살고 있는 아들은 미국으로 오라고 하지만 학규 씨는 언어도 통하지 않는 타국에서 남은 생을 마감하고 싶지 않았다.

결국 학규 씨는 봉사자들이 가져다주는 밥과 반찬에 의지해 외롭고 힘든 여생을 살아내고 있다. 학규 씨는 후회할 때가 많다. 젊었을 때 노후에 즐길 수 있는 취미라도 배워둘걸. 일벌레처럼 살지 말고 주변을 좀 돌아보며 마음 맞는 친구들을 사귀어 둘걸. 자녀 교육에 조금만 덜 쓰고 노후 자금을 만들어 놓을걸. 아내가 살아 있을 때 함께하는 시간을 좀 더 많이 가질걸. 아내의 소원대로 신앙생활을 좀 더 열심히 할걸.

요즘 학규 씨에게는 교회에 가는 시간이 가장 기쁜 시간이다. 젊은 시절에는 일에 쫓겨 교회를 빼먹은 적도 많았다. 하나님이 어떤 분인지 깊이 알려고 한 적도 없었고, 그저 매 주일 온 가족이 함께 교회에 앉아 있으면 크리스천의 도리를 다했다고 생각했다. 성경은 교회에 갔을 때나 펼쳐 읽는 게 전부였고, 다급한 일이 생겼을 때는 기도하다가 일이 해결되면 다시 나태해지는 생활을 반복했다. 이제 늙어서 천국 갈 날만 고대하게 되니, 그동안 쫓아다닌 세상의 모든 것들이 허무하게만 느껴진다. 삶에서 가장 중요한 것은 하나님의 사랑밖에 없다는 것을 뒤늦게 깨닫는다. 학규 씨는 오늘도 먼저 간 아내가 즐겨 부르던 찬송가를 혼자서 흥얼거리며 외로움을 달랜다.

노후 대비가 제대로 안 된 상태에서 병에 걸리거나 돈이 바닥나면 결국 경제적 빈곤에 시달리다가 파산하게 된다. 이것이 노후 파산이다. 최근 NHK스페셜 제작팀이 만든 〈노후 파산〉 방송과 책이 우리 사회에 큰 파문을 일으켰다. 경제 선진국인 일본조차 노인 문제를 감당하지 못하고 있는 현실을 볼 때 우리에게 닥칠 암울한 미래가 그려졌기 때문이다.

김정순 할머니(가명, 75세)는 이른 아침부터 서울에 있는 한 성당으로 바쁜 걸음을 옮긴다. 500원짜리 동전 하나를 받기 위해서다. 500원 동전을 받고 나면 또다시 다음 장소로 부리나케 옮긴다. 일명 '짤짤이 순례길'에 오른 것이다. 그렇게 하루 종일 뛰어다니면 7천 ~8천 원을 벌 수 있다.

한 달을 모으면 그 금액도 할머니한테는 적은 금액이 아니다. 그 돈은 주로 전기세와 수도세로 사용된다. 다니는 교회에서 가끔 도움의 손길을 내밀기도 하지만 할머니에게는 하루하루가 고행이다. 김 할머니는 하루에도 여러 번 스스로 생을 마감하고 싶은 충동을 느낀다. 하지만 우리의 생명은 하나님이 주신 것이고, 자살하면 천국에 갈 수 없다는 믿음 때문에 이를 악물고 참는다.

우리나라의 65세 이상 노인 빈곤율은 49.6%로 OECD 국가 중에서 1위를 차지한다. 노인 자살률도 덩달아 1위다. 한 해 3500명의 노인이 가난에 시달리다가 결국 스스로 생을 마감한다. 이런 현실 속에서 크리스천은 어떻게 노후를 준비해야 할까.

많은 사람들이 노후를 생각할 때 가장 먼저 걱정하는 것이 돈이다. 돈이 없는 상태로 노후를 보내는 것은 죽음과도 같은 고난이라고 생각한다. 그래서 어떻게 해서든 미래에 쓸 생활비를 확보하려고 애쓴다. 그다음이 질병에 대한 걱정이다. 아무리 노후 준비를 잘해도 몸이 병들어 막대한 병원비를 쏟으면 사회의 극빈층으로 떨어질 위험이 높기 때문이다. 어떻게 하면 건강한 몸으로 남은 인생을 잘 보낼 수 있는가는 모두에게 중요한 과제다.

마지막으로 노후에 갖게 되는 시간적, 공간적 의미 찾기가 있다. 하지만 이것에 대해서는 대부분 그다지 관심을 기울이지 않는다. 당장 피부로 와 닿을 만큼 절실한 문제가 아니기 때문이다. 하지만 노후의 시간을 어떻게 보낼 것인가, 또 어디에서 살 것인가를 정하는 일은 매우 중요하다.

정말 노후에 돈 없으면 죽을까?

크리스천에게 '노후'란 무엇인지 먼저 개념을 명확하게 정립하는 것이 필요하다. 세상적 관점에서 노후를 보면 인생의 마지막 단계로, 육체적으로 노쇠해지면서 죽음을 향해 가는 기간이라고 할수 있다. 하지만 크리스천의 노후는 고단한 이 세상에서의 삶을 정리하고 영원한 안식이 있는 하나님 나라로 하루하루 가까이 가는 여정이다. 평생 소망하던 천국으로 나아가는 것이다.

그러므로 이제 세상적인 욕심과 야망에서 벗어나 전심으로 주님만을 구할 수 있는 시간을 가질 수 있다. 그런 의미에서 보면 노후는 세상적으로는 나이를 먹어 가면서 하나 둘씩 내가 지니고 있던 것을 잃어 가는 과정이지만, 크리스천에게는 점점 삶의 열매로 채워지는 과정이다.

한복순 권사(가명, 77세)는 남편을 일찍 보내고 작은 빌라에서 살아가는 독거노인이다. 남편이 남긴 연금이 있긴 하지만 금액이 많지 않아서 생활은 늘 빠듯하다. 한 권사님은 하루 일정을 봉사 활동으로 시작한다. 주로 교회 성도들과 일대일 성경 공부를 하고, 아픈 지체를 방문한다. 가까운 거리는 대부분 걸어 다닌다. 가끔 성경 공부를 함께하는 지체가 차를 사거나 밥을 살 때 푸짐한 식사를 하기도 한다.

한 권사님은 자신의 미래에 대해 걱정하지 않는다. 주님이 지켜주실 것을 믿기 때문이다. 자신의 남은 시간들을 성경 공부를 하면서 보낼 수 있다는 사실에 권사님은 매우 행복하다. 한 권사님을 만나는 사람들은 권사님과 같이 있으면 힘이 나고 평안해진다면서 자주 연락해서 기도 제목도 나누고 어려운 일에 대한 조언도 구한다. 한 권사님은 그들을 위해 함께 기도하고 사랑을 나눌 수 있다는 것이 기쁘고 감사할 뿐이다.

요즘같이 100세 시대를 바라보는 고령화 사회에서는 은퇴 이후의 삶이 매우 길다. 마냥 죽음만을 기다리며 허송세월하기에는 아까운 시간이다. 노후는 우리에게 주어진 두 번째 기회일 수 있다. 두 번째 기회를 누리는 것은 꼭 돈이 있어야만 가능한 일이 아니다. 크리스천들은 이 시간을 하나님과 동행하는 시간으로 잘 보낼 수 있다.

노후는 우리가 인생을 얼마나 잘 살았는가를 총결산하는 시간이다. 우리의 삶은 하나님을 향해 가는 여정이다. 하나님께 제대로 방향을 맞추고 가고 있다면 그것으로 이미 성공이다. 아무리 세상적으로 성공해서 많은 부를 갖고 있어도 내 삶의 방향이 세상에 맞춰져 있다면 그건 실패다. 가진 것 없고, 남에게 내놓을 만큼 이룬 것이 없다 해도 주님으로 채워진 삶을 살았다면, 그리고 지금도 그 삶을 살고 있다면 가장 성공한 인생이다.

더 나아가 이런 인생관을 자녀에게 물려줄 수 있다면 자녀에게 가장 큰 유산이 되는 것이다. 비록 현실이 가난하고 고단해도 떳떳하게 살 수 있다. 주님이 기뻐하시는 삶의 작은 예배자로서 사는 것, 그것이 우리 삶에서 가장 아름다운 모습이기 때문이다.

나(김의수)에게 상담 오는 고객들의 수입은 천차만별이다. 연봉 2천만 원이 안 되는 사람도 있는가 하면 대기업 상무로 3억 원 이상의 연봉에 거액의 인센티브까지 받는 사람도 있다. 그런데 재미있는 것은 적게 벌든 많이 벌든 모두 다 돈에 쪼들린다는 사실이다. 한 달에 300만 원을 받는 사람은 자신도 이렇게 쪼들리는데 대체 150만 원을 받는 사람은 어떻게 사는지 궁금해한다. 800만 원을 받는 사람들은 400만 원을 받는 사람이 사는 방식을 궁금해 한다.

가장 압권은 연봉이 10억 원이 넘는 대기업 부사장이 연봉 3억 원 받는 상무를 보며 "나도 이렇게 빠듯하게 사는데 대체 넌 어떻게 사느냐?"고 물은 것이다. 그 많은 돈을 어디다 쓰고 모자라다 하는지 놀라겠지만 뚜껑을 열어 보면 많이 버는 만큼 빠져나가는 구멍도 그만큼 크고 많다. 먼저 사회적인 품위 유지비가 상상할 수 없을 만큼 많이 든다. 해외 유학 중인 자녀가 있다면 1년에 1인당 1억 원이상이 들어간다. 가족 경조사에도 가족들이 기대하는 만큼 거액을 내놔야 하고 십일조와 헌금, 각종 후원금까지 합하면 한 달 생활비가 훅 불어 버린 듯 사라지고 만다.

그러므로 가장 잘 사는 것은 내가 버는 수입 안에서 자족하며 사는 것이다. 노후에는 수입이 점점 줄어든다. 퇴직 후 수입원이 끊어지기 때문에 가진 돈으로 먹고살아야 하는 시기가 오는 것이다. 그때가 되면 오히려 월수입이 적었던 사람들이 더 잘 살 수 있다. 몸에 밴 검소함으로 주어진 돈 안에서 충분히 행복하고 여유롭게 살 수 있기 때문이다.

하지만 많은 돈을 벌었던 사람들은 정작 그 씀씀이를 줄이는 것이 쉽지 않다. 줄이는 데는 그만큼 고통이 따른다. 그동안 늘 최고의 대접을 받다가 한 단계씩 아래로 내려가는 씁쓸함을 매 순간 견뎌 내야 한다. 이 세상에서 우리가 누리는 삶은 크리스천에게는 실재가 아닌 허상이다.

나(데이비드서)는 가끔 지하철 안에서 인생의 참 모습을 볼 때가 있다. 많은 사람들이 어떻게 해서든 편안하게 앉아 가기 위해 빈자리를 찾는다. 서서 갈 때는 어떤 사람이 빨리 내릴까 도박을 하듯 서 있어야 한다. 그래야 앉을 수 있기 때문이다. 나와 비슷한 역에서 내리는 사람 앞에 서는 것은 불운이다.

그런데 지하철에서 내내 서서 가든 어렵게 자리를 얻어 앉아 가든 내릴 때가 되면 사람들은 미련 없이 지하철에서 내린다. 그 모습을 보면서 우리 인생도 지하철 안 같다는 생각을 했다. 의자는 우리가 이 세상에서 누리다 가는 좋은 집, 좋은 차, 돈이다. 어떻게 해서든 차지하려고 안간힘을 쓰다가 하나님 나라로 갈 때가 되면 누구나 모든 것을 놔두고 떠나는 것이다. 그런데 사는 동안은 왜 그렇게 내려놓기가 힘든지 안타깝다.

우리가 행복이라고 믿는 많은 것들이 실은 허상일 때가 많다. 주 예수 그리스도의 십자가를 통과해서 가는 구원의 길만이 실재다. 성령님이 우리를 이끄시는 그 과정이 바로 실재인 것이다. 크리스천은 노후에는 허상에 속지 말고 실재를 살아가는 지혜가 필요하다.

노후를 아름답게 하는 것

김영희 권사(가명, 64세)는 강남에 있던 집을 세주고 오래전에 파주로 이사 와서 살고 있다. 파주로 이사 온 이유는 공기 좋은 곳에서 시아버지를 모시기 위해서다. 김 권사는 10년 넘게 중풍으로 누워 있는 시아버지를 돌봐 왔다. 대소변을 받아 내면서 극진히 간호한 덕분에 시아버지는 오랫동안 건강을 지킬 수 있었다. 김 권사는 두 명의 시동생도 열심히 뒷바라지해서 모두 가정을 꾸려 독립할 수 있도록 도왔다. 김 권사는 교인들에게도 친절하고 항상 웃음을 잃지 않는다. 구역원 중에 누군가 힘든 일이 생기면 직접 찾아가서 함께 기도하며 위로해 주곤 한다. 그 모습을 보며 많은 사람들이 김 권사를 진심으로 존경했다.

"권사님, 어떻게 그렇게 모든 일에 최선을 다할 수 있어요?"

"그렇게 봐 주니 고맙긴 하지만 난 아무것도 한 게 없어요."

"그런데요, 난 권사님 볼 때마다 의심이 생겨요."

"뭐가요?"

"권사님을 보면 평안해 보이고 항상 웃으시는데 저 같으면 너무 힘들어서 못 웃을 것 같거든요. 정말 10년째 병든 시아버지 모시면서 웃음이 나와요?"

"나도 사람인데 어떻게 힘들지 않겠어요. 그래요, 나도 힘들 때가 많아요. 그럴 때마다 주님 생각을 하면서 이겨 내요. 그리고 주님께 이길 힘을 달라고 간절히 기도해요. 그럼 거짓말처럼 주님께서 이길 힘을 주시더라고요. 그리고 주님과 함께하는 기쁨을 주세요."

"정말 그런 게 있어요?"

"그럼요. 그게 우리 교회 다니는 사람들의 힘이잖아요. 그거 없으면 우리가 세상 사람들과 다를 게 뭐예요. 그저 하나님 한 분 의지해서 이 세상을 기쁘게 살아가는 거, 그게 최고지요."

"그렇긴 하죠. 그래도 이제 자식들 다 키워서 시집 장가까지 보냈는데 아직도 일을 손에서 못 떼시니 어떡해요? 제가 막 속상해요."

"감사하게 생각하면 한없이 감사한 일이에요. 주님께서 내게 건강을 주셨으니 내가 그 일을 잘 감당하는 거잖아요. 안 그러면 내가 어떻게 할 수 있겠어요? 그리고 내가 아버님을 잘 공경하니까 우리 애들도 우리한테 잘해요. 남편도 내가 하는 말이라면 다 들어주고요. 그래서 가정이 화목하니 얼마나 좋아요. 게다가 우리 아버님이 나의 간호를 받으면서 예수님을 영접하셨잖아요. 건강하실 때는 평생 예수의 예 자도 못 꺼내게 하셨던 분인데 말이에요. 내가 마음으로 섬겨 드리니까 아버님 마음이 움직인 거예요. 물론 그 모든 것도 하나님이 하신 일이지만요. 그래서 난 아버님이 건강하게 교회 안 다니고 사시는 것보다는 지금이 훨씬 좋아요."

"그렇군요."

그러던 어느 날 김 권사가 모시던 시아버지가 평안하게 돌아가셨다. 여유 시간이 생긴 김 권사는 뒤늦게 그림을 그리기 시작했다. 동양화를 전공한 미술학도였지만 어쩔 수 없는 현실 때문에 오랫동안 내려놓았던 붓을 다시 들게 된 것이다. 가끔 작은 소품들을 이웃에게 선물하기도 하는데 사람들은 그림을 받고 무척 기뻐했다. 사람들은 김 권사의 아름다운 노후를 진심으로 축복해 주었다. 며느리로서 도리를 다한 김 권사는 아무도 알아주지 않는다고 해도 자신의 삶을 통해서 하나님의 빛을 세상에 드러낸 아름다운 크리스천이기 때문이다.

나의 삶 돌아보기

Q 자녀의 꿈에 대해서 자녀와 같이 이야기를 나눈 적이 있습니까? 있다면, 자녀의 꿈은 무엇입니까? 없다면, 얘기 안 한 이유는 무엇입니까?

Q 지금까지 당신은 결혼하는 목적이 무엇이라고 생각해 오셨습니까? 이제 크리스천으로서 결혼의 목적을 어디에 두고 싶습니까?

Q 당신에게 집은 어떤 곳입니까? 크리스천으로서 집의 의미는 어떤 것이라고 생각하십니까? 내 집과 하나님은 어떤 관계가 있습니까?

Q 돈이 없으면 노후에 어떻게 될 것이라고 생각하십니까? 노후에 대해서 두려운 마음이 있다면 어떤 두려움입니까?

4장

돈 걱정 없는 크리스천을 위한
재무 원칙

1 자녀 교육:
큰 그림을 그리고 부부가 함께 합의하라

명품 추구와 과소비, 하나님 보시기에 어떨까?

나(김의수)는 신혼부부가 상담 오면 베이비 페어에 가지 말라고 조언한다. 그곳에 가면 자기도 모르게 소비 욕구가 생기기 때문이다. 설사 가게 되더라도 체크카드에 딱 필요한 만큼만 입금해서 가져가도록 한다. 그 이상을 쓸 수 없도록 스스로 장치를 해 두는 것이다.

부모들은 자녀에게 항상 최고의 것을 사 주고 싶어 하는 욕구가 있다. 요즘 젊은 엄마들 사이에서는 명품 유모차가 인기라고 한다. 늘 낡은 중고 유모차를 쓴 아내는 몇 백만 원이나 하는 유모차를 보고는 기절할 듯 놀랐다. 경제적인 여유가 충분히 있는데도 아내는 여전히 명품 앞에서 소스라치게 놀라는 이유는, 아무리 돈이 많아도 아내가 넘을 수 없는 '넘사벽'이 있기 때문이다.

나도 지금은 어느 정도 재정이 여유로워졌지만 여전히 외제차는 내게 '넘사벽'이다. 가격으로 따지면 국산차보다 더 싼 외제차도 나오지만, 나의 가치관이 그 벽을 넘기는 쉽지가 않다. 촌스러운 생각일 수도 있지만 모진 가난을 체험한 나에게 남은 인생의 훈장 같은 것이라고 생각한다. 이러한 가치관이 스스로 과소비에 대한 자정 장치가 되어 주기 때문이다.

우리는 이미지로 세상을 산다. 명품 가방이 품질이 좋아서만 비싼 것이 아니다. 그 가방에 대해 대중이 지닌 이미지 때문에 비싼 것이다. 사람들은 명품 가방을 들면 자신도 그 가방과 동일한 명품의 이미지를 갖게 된다고 믿는다. 그것이 허상이다. 광고가 만들어 낸 허상을 우리 것으로 만들고자 거기에 투자하는 것이다. 가짜 세상에 진짜 돈을 투자하는 것이다. 마치 영화 〈매트릭스〉에서처럼 허상과 실재의 세계를 오가며 산다. 이미지가 죽으면 나도 죽는다고 믿는다. 하지만 진실은 그렇지 않다. 부자는 허름한 곳에서 음식을 사 먹어도 부자다.

우리의 내면 세계가 주님으로 가득 차 있으면 더 이상 허상에 얽매이지 않게 된다. 그 이미지를 즐길 수는 있지만, 그 이미지의 노예가 되지 않는 것이다. 우리가 믿는 세계는 영원한 생명이 있는 실재의 세계다. 실재의 세계에 살면 허상의 세계는 저절로 사라진다.

자녀에게 부모는 돈과 물질에 대한 건강한 가치관을 물려줘야 한다. 그래서 자녀가 허상의 세계에서 살지 않도록 도와줘야 한다. 엄마가 강아지를 무서워하면 자녀는 강아지가 무서운 존재인 줄 안다. 아빠가 낚시할 때 지렁이를 귀엽다며 만지작거리면 자녀도 지렁이가 귀여운 존재라고 믿는다. 그만큼 자녀는 부모를 판박이처럼 따라 배운다.

명품을 사는 것이 무조건 나쁘다는 것은 아니다. 그만큼 여유가 되는 부자들은 명품을 사 주는 것이 경제의 순환에 도움이 된다. 하지만 앞으로 우리 자녀들이 살아가야 할 미래의 불안정성을 생각하면 지금 아무리 여유가 있다고 해도 절약하고 검소하게 사는 가치관을 심어 주는 것이 돈보다도 더 훌륭한 자산이다. 인생을 살다가 어려운 상황이 닥쳐도 약해지거나 좌절하지 않고 거뜬히 그 상황을 이겨 낼 수 있는 힘은 돈으로 살 수 없는 것이기 때문이다.

재정 교육은 자녀가 어렸을 때부터

언젠가 나(김의수)는 늦둥이 민하를 데리고 백화점에 간 적이 있다. 장난감 코너에 갔는데 어떤 남자아이가 장난감을 사 달라며 바닥에 누워 울고 있었다. 민하는 그 아이를 유심히 지켜보았다. 아이는 자신이 고른 장난감을 계산대 위에 올려놓고 사 달라고 떼쓰며 울고 엄마는 안 된다고 아이를 윽박지른다. 엄마는 사람들이 쳐다보는 시선을 의식하며 아이를 더욱 혼내고 아이는 그런 엄마의 심리적 부담감을 몰아붙이듯 아예 바닥에 벌러덩 드러누워 떼를 쓴다.

결국 엄마는 뒤에서 기다리는 사람과 계산대 직원의 짜증스런 표정에 떠밀려 계산을 하고 만다. 아이는 언제 울었는가 싶게 만족스런 표정으로 의기양양하게 장난감을 들고 나간다. 우리나라 장난감 가게나 슈퍼마켓 앞에서 흔히 볼 수 있는 광경이다.

미국에서 오랫동안 산 나(데이비드 서)는 그런 경우 야박스러울 만큼 철저하다. 아이가 바닥에 뒹굴며 어떤 짓을 해도 그 수치를 함께 받아 내는 쪽을 선택한다. 만약 거기에서 아이에게 진다면 '떼쓰면 내가 원하는 것을 얻을 수 있다'는 잘못된 믿음을 심어 주고, 약속을 깨는 것부터 가르치게 되기 때문이다. 이런 가치관이 그대로 자란다면 신앙관에까지 영향을 미칠 수 있다. 하나님께도 떼만 쓰면 모든 것을 얻을 수 있을 거라는 잘못된 믿음을 갖게 되는 것이다.

내가 TED 영상에서 알게 된 어떤 미국인 부모는 여덟 살 된 자녀가 계산되지 않은 장난감을 들고 가게 밖을 나서려고 하자 아들의 귀를 잡고 끌고 와서는 계산원에게 "이 아이가 도둑질을 했는데 어떻게 처리하면 좋을까요?"라고 물었다. 결국 부모는 직원과 의논해서 아들이 한 달간 매장 청소를 하게 만들었다.

돈에 대한 교육은 일찍 할수록 좋다. 자녀가 어릴 때부터 돈에 대해 올바른 개념을 심어 주는 것이다. 이 세상의 주인은 돈이 아니며 하나님이심을 알려 주는 것은 부모로서 매우 중요한 사명이다. 이 한 가지만 정확하게 잡고 산다면 이 세상에서 믿음을 지켜 낼 수 있다.

민하는 자기가 좋아하는 뽀로로 인형을 갖고 싶어서 만지작거렸다.

"민하야, 지난달에 아빠가 다른 인형 사 줬지? 이건 오늘 사려고 한 물건이 아니니까 안 되는 거야. 그치?"

"응. 안 되는 거 알아, 아빠."

민하는 순순히 인형을 내려놓고 다른 물건들을 구경하러 자리를 옮겼다. 떼를 써도 안 된다는 것을 아는 민하는 물건을 사는 기준을 잘 지키는 습관을 갖게 되었다.

나의 상담 고객 중에는 자녀들과 함께 수입과 지출을 규모 있게 잘 실행하는 부부가 있다. 우선 그 부부는 나의 권유로 자녀들과 같이 외식비 봉투를 만들었다. 그리고 간혹 가족들이 피자를 시켜 먹고 싶을 때 이 봉투를 사용했다.

그런데 어느 날 아들이 피자가 먹고 싶다며 주문하려고 했는데 봉투가 텅 빈 것을 발견했다. 봉투가 없었다면 아들은 계속 피자를 사 달라고 칭얼거리고 부모는 안 된다고 윽박지르거나 할 수 없이 지갑을 열었을 텐데, 봉투가 있었기 때문에 모두가 수긍하는 가운데 지출을 자제할 수 있었다.

"봉투가 비었네. 가만, 다음 달까지 3일 남았으니까 우리 3일만 기다리자. 그럼 다시 하나님께서 봉투를 채워 주실 거야."

아이들은 흔쾌히 먹고 싶은 마음을 접고 3일을 더 기다리기로 합의했다. 이것이 바로 자녀들에게 돈을 잘 사용하는 방법을 가르치는 훌륭한 재정 훈련의 예다. 이러한 과정을 통해서 자녀들은 돈에 대한 바른 개념을 세우게 된다. 즉 자신들이 쓰는 돈이 아빠가 직장에서 일한 대가로 받는 월급이 아니라, 하나님께서 이 가정 안에 부어 주시는 축복임을 깨닫게 되는 것이다. 그렇게 되면 하나님께 감사하는 마음도 함께 가르칠 수 있다. 경제 개념과 함께 자녀의 믿음까지도 키워 줄 수 있는 것이다.

게임 중독이었던 목사님 아들, 그들의 화해 방법

내(데이비드 서)가 다니는 교회의 김용덕 목사님은 자녀를 하나님의 방식으로 키우는 법에 대해 자주 설교하신다. 본인이 직접 삶을 통해 얻은 귀한 경험이 있기 때문이다. 목사님은 학창 시절 공부를 잘했지만 서울대학교에 가지 못한 아쉬움이 있었다. 그래서 아들을 통해서라도 이루지 못한 꿈을 이루고 싶어서 아들이 어렸을 때부터 가혹할 정도로 공부를 시켰다.

아들은 총명해서 잘 따라와 줬지만 사춘기에 접어들면서 엇나가기 시작했다. 아들은 하루 종일 컴퓨터 게임에 빠져서 방에 틀어박혀 나오지 않는 날이 늘어 갔다. 목사님은 아들의 마음을 돌이키려 별의별 방법을 다 동원해 봤지만 아들은 점점 더 게임에 빠져 갔다. 성적은 바닥을 쳤고 서울대학교는커녕 서울 근처 대학도 갈 형편이 못 되었다.

목사님은 몹시 좌절했다. 아들을 위해 눈물로 기도했지만 허사였다. 아무 방법도 통하지 않았다. 교회도 몹시 어려움을 겪고 있던 터라 목사님은 당시 그야말로 희망이 보이지 않는 생지옥을 사셨다. 목사님은 벼랑 끝에 선 막막한 심정으로 자신의 영을 살려 달라고 주님께 매달려 기도했다.

그러던 중 강권적으로 주님이 부어 주시는 뜨거운 성령의 임재를 체험하게 되었다. 목사님은 이후로 더 이상 아들을 정죄하지 않았다. 아들을 있는 그대로 인정하고 바라보게 된 것이다. 목사님은 아들의 대한 소유권을 내려놓고 하나님께 아들을 올려 드렸다. 아들이 회복되기를 기도하지도 않았다. 오직 목사님 자신이 더욱더 주님의 영으로 채워지길 기도하며 예배에 집중했다.

그러자 놀랍게도 시간이 지날수록 집안에 평안이 깃들기 시작했다. 아들과 특별히 대화를 나눈 것도 아닌데 아들은 달라진 아버지를 느끼기 시작했다. 그러면서 아들도 점점 달라졌다. 중학교를 중퇴하고 고등학교를 검정고시로 들어간 아들은 뒤늦게 다시 공부를 시작해 대학에 들어갔다. 그리고 장애인 시설에서 공익 근무 요원으로 일하게 됐다. 아들은 장애인들을 돌보는 일을 하며 보람을 느꼈다. 쉬는 날에도 일이 생기면 흔쾌히 달려 나가 장애인들을 보살폈다.

그러한 변화에 목사님이 직접적으로 관여한 것은 아무것도 없었다. 목사님은 그저 주님의 영으로 채우는 일에만 몰두하셨을 뿐이다. 목사님은 부모가 영으로 채워지면 자녀에게 자연히 하나님의 사랑이 흘러가게 된다는 것을 몸으로 체험하셨다. 목사님 가정은 세상이 주는 평안이 아니라 하나님이 주시는 평안으로 천국을 이루게 되었다.

사교육비, 남편과 아내가 합의해서 결정한다

자녀 교육과 관련해 재정 상담을 하러 오는 크리스천들에게 내가 강조하는 것이 있다. 자녀 교육에 꼭 아버지가 참여해야 한다는 것이다. 자녀 교육비 예산은 부부가 함께 세우고 의논해야 한다. 남편이 어디에 쓰는지 모르면 절대로 안 된다. 대부분의 가정이 자녀 교육은 아내의 몫이라고 생각하는 경향이 있다. 자녀를 어느 학교에 보낼 것인지, 자녀 교육비는 얼마 정도 지출할지 아내 혼자 결정하고 실행한다. 비슷한 자녀를 둔 엄마들끼리 서로 정보를 교환하고 조언을 듣곤 하기 때문이다.

내가 볼 때 많은 크리스천의 문제는 아버지의 가치관과 리더십이 자녀 교육에서 배제된 데서 출발한다. 그래서 교육적으로도 영적으로도 문제가 된다. 아버지는 가정의 제사장이다. 그것은 하나님께서 정해 주신 가정의 위계질서다. 그런데 요즘 가정 안에서 점점 아버지의 자리가 없어진다. 꼭 아버지가 자녀 교육의 모든 과정을 결정하라는 말은 아니다. 아버지가 잘하면 아버지가 하고 엄마가 잘하면 엄마가 해도 된다. 단지 부부가 함께 대화해 결정한 후 실행해야 한다는 것이다. 자녀 교육에는 돈이 지출되기 때문에 가정의 재정과도 밀접한 관련이 있다.

나는 상담하러 오는 부부에게 꼭 숙제를 내 준다. 상담 오기 전에 부부가 깊이 대화를 하고 오라는 것이다. 재무 상담을 하게 되면 대부분의 가정에서 지출 조정이 불가피하다. 왜 이 돈을 쓰는지, 그로 인해 무엇을 얻고자 하는지 명확한 인식이 있어야만 지출을 조정하는 데 성공할 수 있다. 그것은 삶에 대한 가치관과 밀접한 관련이 있다. 어떤 만족을 얻기 위해 지출을 하는지 스스로 명확히 알지 못하면 지출 조정은 단기적 효과로 끝나는 경우가 많다.

특히 남편과 아내는 지출할 때 가치 기준이 다르다. 예를 들어 외식비를 50만 원으로 책정했을 때 남편은 수준을 하향 조정해서 횟수를 늘리는 편을 만족스러워한다. 하지만 아내는 다르다. 한 번을 먹어도 좋은 곳에서 분위기 있게 먹고 싶어 한다. 아내에게 횟수는 그다지 중요하지 않다. 횟수를 줄이는 한이 있어도 수준은 낮추고 싶어 하지 않는다. 아내는 사진을 찍어서 주변 사람들과 공유할 수 있을 만한 수준의 맛집이나 고급 식당을 선호한다. 부부가 서로 만족하는 부분이 다르기 때문에 이를 감안해서 지출 문제에 합의해야만 장기적인 효과를 기대할 수 있다.

교육비를 지출할 때 가장 위험한 것은 빚을 내서 교육비를 대는 것이다. 교육비는 한 번 지출한 후 끝나는 것이 아니라 수년 동안 지속되기 때문에 이 패턴을 바로잡지 않으면 빚이 순식간에 눈덩이처럼 불어날 수 있다.

이때도 남편과 아내가 가치관의 차이를 대화로 공유하며 합의점을 찾아야 한다. 아내는 좀 더 고액의 과외를 시키고 싶어 하고, 남편은 그렇게까지 할 필요가 있느냐고 반대할 수 있기 때문이다. 그런데 뒤늦게 이런 마찰을 빚게 되면 자녀는 그 사이에서 혼란스러워진다.

자녀의 사교육비는 자녀 교육에 대한 큰 그림은 물론 보충할 과목이나 다닐 학원의 종류 등 구체적인 실행 방안까지 부부가 충분히 합의한 후 결정하는 것이 좋다. 그렇지 않으면 나중에 혹 재정적인 문제가 발생할 경우 서로 책임을 떠넘기며 큰 충돌을 일으킬 수 있다. 그러므로 남편은 꼭 교육비 지출에 대해 정확하게 알고 있어야 한다.

자녀 교육은 장기전이다

김진수 씨(가명, 39세)는 분당 서현동에 살면서 보람(6세), 지영(4세) 두 자녀를 키운다. 부부가 맞벌이를 해서 버는 월수입은 720만 원으로 적지 않은 편이다. 부부의 지출 내역을 살펴보면 아이들을 돌봐주는 친정어머니께 100만 원, 가사도우미에게 30만 원, 유치원비 110만 원, 십일조와 헌금 100만 원을 내고 300만 원 정도를 저축하고 있었다. 나는 상담 후 서현동은 2년이면 5천만 원씩 전셋값이 오르는 걸 감안해 주거비 50만 원, 노후 자금 50만 원, 자녀 학자금 50만 원, 그리고 적금 200만 원으로 포트폴리오를 짜주었다.

나는 부부에게 서현동이 괜찮냐고 질문했다. 학군에 대해서 잘 알지 못하는 남편은 서현동이 집값도 싸고 좋다고 대답했다. 하지만 아내는 어떻게 해야 할지 고민이라고 말했다. 분당만 해도 서현동 삼성 아파트와 수내동 롯데 캐슬은 가격 차이가 많이 난다. 서현동보다 수내동이 학군이 좋다는 인식 때문이다. 수내동에 있는 서현고등학교는 30~50%의 학생을 '스카이 대학'에 보내는 것으로 정평이 나 있다. 고급 주상 복합 건물이 많은 정자동은 자녀를 유학 보내는 유학파들이 주로 사는 동네로 알려져 있다. 일단 수내동으로 이사를 간다고 하면 자녀 1인당 교육비는 금세 규모가 커진다. 초등학생일 때 200만 원, 중학생이 되면 300만 원 정도의 교육비를 예상해야 한다. 그래야 특목고나 자사고를 갈 수 있다.

서울에서 좋은 학군으로 분류되는 목동, 여의도, 고덕동, 중계동은 거의 다 고액의 교육비가 필요하다. 그렇게 투자해서 자녀의 성적이 최상위에 오르면 '스카이 대학'에 갈 수 있기 때문이다. 하지만 학군 좋은 동네라도 자녀의 성적이 상위 10% 이내에 들지 못하면 일반 대학에 갈 수밖에 없다.

강남 대치동은 그보다 훨씬 큰 액수의 교육비가 필요하다. 그래서 부모의 재력에 조부모의 재력까지 보태져야만 감당할 수 있다고 한다. 여유 자금이 충분하다면 자녀 교육을 위해 학군 좋은 동네로 이사하는 것은 괜찮다. 문제는 많은 가정이 재정적인 기준선을 넘어서 자녀에게 무리하게 투자를 한다는 점이다. 무리하게 투자하는 가정은 대개 맞벌이인 경우가 많다. 하지만 부부 중 어느 한쪽이(대부분은 아내가) 더 일찍 직장을 그만두게 된다. 그럴 때 자녀 교육비를 지속적으로 대는 데 문제가 생긴다. 그러므로 부모는 끝까지 이 수준의 자녀 교육비를 댈 수 있는지를 먼저 생각해야 한다.

나와 상담했던 변호사 고객은 자녀 교육을 위해 강남으로 진입했다가 결국 감당하지 못하고 다른 지역으로 이사를 했다. 이사를 하고 나서 그는 내게 말했다.

"왜 거기서 그렇게 고생을 했는지 모르겠어요. 나오고 나니 이렇게 여유롭고 좋은데 말이죠. 아들놈도 하루 종일 학원으로 뺑뺑이 돌리지 않아서 살 것 같대요. 나도 죽고 자식도 죽을 뻔했는데 왜 그 길을 고집스럽게 달렸는지 모르겠어요. 남들이 하니까 지기 싫어서 오기를 부린 거죠. 하마터면 큰일 날 뻔했어요."

이런 사례와 달리 자녀가 강남에서 떠나기 싫어하는 경우도 있다. 그때 만약 자녀의 뒷바라지를 하다가 중간에 재정적인 압박을 견디지 못하고 중단하게 되면 아이에게 고스란히 상처로 남게 된다. 아이는 상대적인 박탈감과 실패감을 느끼고 위축된 상태에서 사회생활을 시작하게 된다. 그러므로 처음부터 자녀 교육비를 장기적인 안목에서 계획할 필요가 있다.

나는 김진수 씨 가정에 자녀 교육을 위해 서현동에서 수내동으로 넘어가고 싶다면 감당할 수 있는 재정 안에서 해결해야 한다고 조언했다. 즉 아파트 평수를 줄여서 이사하는 것이다. 여기에서 핵심은 허락된 재정 안에서 빚지지 않고 선택해야 한다는 것이다. 많은 사람들이 이 해법을 적용하지 못해서 재정적으로 무너진다. 빚지지 않는 자녀 교육은 수백 번 강조해도 지나치지 않을 만큼 매우 중요하다. 부모가 예상하는 것보다 그 여파가 가정 전체에 미치는 악영향이 매우 크기 때문이다.

자녀 교육과 노후 준비, 동시에 해야 한다

나는 부부가 맞벌이를 하더라도 둘째 자녀를 출산하게 되면 아내는 회사를 그만두고 자녀와 함께 시간을 보내는 것을 권하고 싶다. 그렇게 아이들을 키우면서 남편이 퇴직한 후 50~100만 원이라도 벌 수 있는 일을 서서히 준비하는 것이다. 200~300만 원씩 빚을 내 가며 자녀 교육에 투자하느라 아내가 쉬지 못하는 것보다 아내에게 쉴 시간을 주면서 먼 미래를 준비하게 하는 것이 바람직한 인생 설계다. 내가 이런 조언을 내담자들에게 자신 있게 할 수 있는 이유는 많은 재무 상담 사례를 통해 우리가 사는 삶의 전체적인 윤곽을 세대별로 볼 수 있었기 때문이다.

가정의 재정을 살펴보려면 현금 흐름과 가계 수지를 살펴봐야 한다. 가장 먼저 현재의 현금 흐름이 언제까지 계속될 것인가를 알아야 한다. 가장이 언제까지 직장 생활을 할 수 있는지, 맞벌이를 하는 경우는 아내가 언제까지 일할 수 있는지를 보고 교육비를 책정해야 한다. 아내가 직장을 그만두고 남편의 월급만으로 살 때 교육비와 내집마련 등을 감당할 수 있는지 살피고, 감당할 수 없다면 처음부터 과다한 교육비를 지출하지 말아야 한다.

고집을 부려 무리하게 교육비를 지출한다면 3~4년은 지탱할 수 있을지 모른다. 하지만 남편이 45세가 지나면 회사에서 퇴직 압박을 받게 된다. 길게 잡아야 10년 내에 생길 수 있는 일이다. 자녀는 중학생, 고등학생이 되어 점점 교육비가 늘어나고, 이를 감당할 수 없게 된다면 결국 개인파산까지도 가게 된다.

우리의 미래 수입은 현재 수입 그대로 보장되지 않는다. 우리에게는 현재와 똑같은 미래를 확신하며 지출할 권한이 없다. 그렇게 한다면 한마디로 월권이다. 우리는 지금 이 순간 주어진 재정 안에서 자족하며 계획을 세워 살아야 한다.

많은 젊은이들이 입사를 꿈꾸는 삼성 같은 대기업에서 일하는 사람들 중에도 스스로를 실패한 삶이라고 생각하는 사람들이 꽤 많다. 대기업 부장까지 됐지만 여전히 돈에 쪼들리는 자신을 보면서 허탈해하는 것이다. 주변에서 성공했다고 추켜세우며 밥을 사라 하고, 교회에서 행사 후원금을 부탁할 때면 대개 자신의 어려운 재정 형편을 솔직하게 털어놓지 못한다.

자녀 교육도 마찬가지다. 아버지가 성공했으면 자녀에게 이 정도는 투자해야 면이 선다는 고정관념과 체면 의식에서 자유롭지 못하다. 이런 것들을 깨지 않으면 인생을 제대로 설계할 수 없다.

가끔 상담하러 오는 부부들이 웃으며 "팀장님한테 다시 뽕 맞으러 왔어요"라고 말할 때가 있다. 나와 상담하고 나면 자녀 교육에 대한 욕심을 내려놓고 허락된 재정 안에서 교육비 계획을 세울 수 있는데 아이 친구 엄마 등 주변 사람들을 만나다 보면 '내가 잘못하고 있는 게 아닌가' 하는 불안함이 올라온다고 한다. 그러다 다시 상담하게 되면 세상과 다르게 살아갈 힘을 얻게 되는데 그것을

'뽕'이라고 표현하는 것이다. 세상이 추구하는 틀에서 벗어나 크리스천으로서 다른 길을 걸어가는 것은 믿음의 '뽕'을 맞아야 할 만큼 쉽지 않다.

부부가 명심해야 할 교육 지침

첫째, 부부가 함께 교육 철학에 대해서 대화하고 결정해야 한다. 자녀의 성적 문제에 어떤 입장을 취할 것인지, 근본적으로 '내게 자녀란 어떤 존재인지' 등을 생각해 봐야 한다.

둘째, 교육비의 적정선을 설정해야 한다. 나는 최대치로 수입의 15%를 추천하는 편이다. 만약 월수입이 300만 원이라면 45만 원을 교육비로 책정하는 것이다. 그런데 아내가 65만 원으로 책정하고 싶다면 대화를 통해서 남편과 함께 조절할 수 있다. 다른 지출 내역에서 줄이면 되기 때문이다. 일반적으로 교육비를 계획할 때는 외벌이를 가정하고 예산을 짜야 한다. 현재 맞벌이를 하고 있다 해도 어느 한쪽이 언제든 일을 그만두게 될 수 있기 때문이다.

셋째, 가계 재정의 한도 내에서 구체적으로 어떤 교육 방법을 취할 것인지 설정해 놓아야 한다. 안 그러면 뒤늦게 후회하는 경우가 많다. 자녀 교육에도 분명한 전략이 필요하다. 특히 자녀와 직접 대화를 나누며 자녀에게 알맞은 교육 방식을 찾도록 하라. 돈이 없을수록 적은 돈으로 행복할 수 있는 방법을 찾고 그 안에서 최고의 효과를 얻을 수 있도록 노력해야 한다. 그야말로 순결하지만 뱀 같은 지혜가 필요한 것이다.

자녀 교육의 가장 좋은 해결책은 결국 자신의 상황을 정확하게 인식하는 것이다. 지금 우리 가족이 이 세상에서 사는 목적이 무엇인지, 그 목적에 따라 무엇을 어떻게 실천하며 살아야 하는지 매 순간 인식하며 사는 것이다. 남들이 한다고 무턱대고 따라 하는 것이 아니라, 남들의 방식을 관찰하면서 그 안에서 나만의 자녀 교육 방식을 찾아내는 것이다.

그렇게 하면 실패할 확률이 훨씬 줄어든다. 이 교육이 자녀를 위한 교육인지, 아니면 부모의 욕구를 충족시키기 위한 교육인지도 분명히 알 수 있다. 설사 재정적인 여건이 안 되어서 자녀에게 충분한 사교육을 시킬 수 없다고 해도 부모와 자식이 현재 상황을 정확하게 인식하고 자족하면 충분히 행복할 수 있다. 그 행복은 돈으로 채워지지 않는 부족한 부분을 충분히 메우고도 남는다. 그리고 가정이 성령님으로 채워질 수 있다면 세상이 누리지 못하는 평안과 행복을 누리게 되리라고 믿는다.

너희는 이 세대를 본받지 말고

오직 마음을 새롭게 함으로 변화를 받아

하나님의 선하시고 기뻐하시고 온전하신 뜻이

무엇인지 분별하도록 하라

로마서 12:2

나의 삶 돌아보기

Q 주변에 당신 자녀와 비교되는 다른 가정의 자녀(믿음도 좋고 공부도 잘하는)가 있습니까? 있다면 자녀 앞에서 대놓고 그 아이와 비교한 적이 있습니까? 비교할 때 당신은 어떤 마음입니까?

Q 만약 자녀가 공부를 아주 잘하는데 유학을 가고 싶어 합니다. 그런데 재정이 허락되지 않습니다. 그럴 때 어떻게 하겠습니까?

Q 자녀의 미래를 생각할 때 가장 두려운 것은 무엇입니까? 그 두려움은 어디에서 나오는 것일까요? 자녀를 하나님께서 전적으로 돌보신다고 믿습니까?

Q 당신 자녀의 믿음은 어느 정도 수준이라고 생각합니까? 자녀의 믿음에 당신이 어떤 영향을 끼친다고 생각합니까?

Q 예배 참석과 학원 수업이 겹쳤을 때 무엇을 먼저 해야 한다고 생각합니까? 자녀에게 성공과 믿음 중에서 어느 것을 물려주는 것이 더 중요하다고 생각합니까?

---

2 결혼:
매월 빚지지 않는 재무 시스템을 구축하라

결혼식부터 부모가 아닌 당사자가 주인공 돼야

"미영아, 우리 결혼식 말이야… 결혼식에 대해서 너한테 의논할 게 있어."

결혼을 앞둔 황선우 씨(가명, 31세)는 망설이다가 어렵게 이야기를 꺼냈다. NGO 단체에서 일하고 있는 선우 씨는 1년 전에 교회에서 만난 한미영 씨(가명, 29세)와 교제를 하다가 결혼을 약속했다. 선우 씨는 모태신앙인으로 신실한 형제였고, 초등학교 교사인 미영 씨역시 믿음이 좋은 자매였다.

"응? 오빠, 뭔데?"

"우리한테 일생에 한 번 있는 결혼식인데 난 좀 의미 있게 하고 싶어."

"그건 나도 같은 생각이야. 그냥 예식장에서 찍어 내듯이 결혼식 하는 건 재미없어. 그런데 어떻게 의미 있는 결혼식을 할 수 있는데? 무슨 좋은 생각이라도 있어?"

"응. 가끔 일 때문에 무료 급식소에 갈 때가 있어. 거기 줄 서서 음식 먹는 사람들은 대부분 노숙자나 형편이 어려운 노인분들이야. 문득 우리 결혼식을 무료 급식소에서 하면 어떨까 하는 생각이 들었어. 아예 결혼식을 전통 혼례로 올리면 그분들께 좋은 볼거리도 제공하고, 푸짐한 음식도 드릴 수 있잖아. 우리가 잔치를 베풀어 드리는 거지. 하나님이 내게 이 마음을 주신 것 같아. 자꾸만 거기서 결혼식을 하고 싶다는 생각이 들어. 거긴 식당도 넓고 마당도 있어서 충분히 할 만한 장소야. 하지만 네가 원하지 않으면 안 할 거야. 어때?"

"음… 좋은 생각 같아, 오빠."

"정말이야? 정말 그렇게 생각해?"

"응. 그렇게까지 생각은 못했지만, 나도 간소한 결혼식을 원했거든. 그런데 오빠 말대로 하면 의미도 있고 좋을 것 같아. 그런데 부모님이 허락하실까? 어머님은 우리가 예단을 최소로 한다고 해서 기분이 이미 상하셨을 텐데 말이야."

"걱정 마. 우리 엄마 아버지는 내가 책임지고 설득할 수 있어."

"나도 엄마한테 잘 말씀드려 볼게. 어차피 그러면 결혼식 비용도 많이 안 들어서 엄마도 좋아하실 것 같아. 그러잖아도 엄마가 내 결혼식 때문에 돈 걱정하시는 것 같아서 마음이 무거웠어. 우린 엄마 혼자시고, 오빠네보다 형편도 안 좋잖아."

"걱정하지 마시라고 해. 장소는 무료로 빌릴 수 있고, 한복도 빌려서 하면 돼. 음식값만 책정하고 사진이나 꽃은 최소한으로만 하면 돼."

"좋아. 생각할수록 멋질 것 같아. 그러잖아도 션과 정혜영 부부를 보면서 저렇게 봉사하면서 사는 것도 멋지겠다 생각했어."

"고마워, 미영아. 난 네가 싫다고 하면 어떡하나 걱정했거든."

"그나저나 오빠가 걱정인걸? 어머님이 순순히 오케이하시지 않을 것 같은데 말이야."

"뭐, 뭐라고? 결혼식을 어디서 한다고?"

예상대로 선우 씨의 어머니 김진숙 권사(가명, 58세)는 아들의 말을 듣고 놀라 입을 다물지 못했다. 김진숙 권사의 남편 황진건 안수집사(가명, 63세)는 세무사로 경제적으로 넉넉한 편이었다.

"무료 급식소라고 말씀드렸잖아요. 미영이도 좋다고 했어요. 하나님께서 우리에게 똑같은 마음을 주신 거예요. 원래 옛날에는 잔치 때 동네 사람들이 다 와서 먹으면서 축하해 줬잖아요. 뷔페 음식값이면 그분들한테 진수성찬을 차려 줄 수 있어요."

"뭐, 뭐? 너 지금 제정신이니? 노숙자들하고 손님들하고 같이 밥을 먹게 한다고? 그게 말이 된다고 생각해? 네가 무슨 자선 사업가야? 그리고 무슨 결혼이 애들 장난인 줄 알아? 안 돼! 아버지랑 내 얼굴에 똥칠을 해도 유분수지. 우리는 지금 특급 호텔을 생각하고 있는데 얘가 무슨 소리야? 네가 그런 구질구질한 데서 결혼식을 한다고 하면 교회 사람들이 뭐라고 하겠어?"

"교회 사람들이 뭐라고 하든 무슨 상관이에요? 우리한테 의미 있으면 되죠. 그리고 우리 뜻을 알고 나면 사람들도 잘했다고 격려해 줄 거예요."

"그래. 아버지는 찬성이다. 사람들이 결혼식 비용에 쓸데없이 돈을 너무 많이 들이는 건 사실이야. 결국 알고 보면 호텔이나 웨딩 업체만 배불리는 건데. 니가 그런 생각을 했다는 게 대견하구나."

"우와! 역시 아버지는 제 편이실 줄 알았어요."

"그만 좀 해! 당신은 지금 무슨 소리하는 거예요? 얘가 잘못된 길로 가면 바로잡아 주지는 못할망정 왜 장단을 맞춰요? 내가 그동안 다른 사람들 결혼식에 갖다 바친 축의금이 얼만데… 그런 데서 한다고 사람들이 안 오면 어쩔 거야?"

"잘못된 길로 가는 건 바로 당신이야. 당신의 그런 생각이 문제라고. 축의금이 무슨 곗돈이야?"

"맞아요. 축의금은 기쁜 마음으로 축하해 주면 되는 거죠."

"어휴, 아주 이젠 둘이 싸잡아서 날 공격하네? 나가서 물어봐. 축의금 돌려받을 생각 안 하는 사람이 어디 있는지. 이건 일종의 관례고 풍습이야."

"쯧쯧, 풍습은 무슨… 당신 성경 말씀도 몰라? 오 리를 가자고 하면 십 리를 가 주라고 했어. 그걸 기를 쓰고 받아 내려고 하는 당신이 문제인 거야."

"어휴, 머리 아파. 내가 요즘 새벽예배를 좀 빠졌더니 이렇게 고난이 닥치나 보다."

결국 선우 씨와 미영 씨는 무료 급식소에서 결혼식을 올렸다. 그들의 독특한 결혼식에 낯설어하는 사람들도 있었지만, 많은 사람들이 진심으로 격려해 주고 축하해 줬다.

반석 위에 세운 가정 천국

아내와 나(김의수)는 처음 결혼할 때 화려하게 출발했다. 가난한 가정에서 자란 아내는 열심히 공부해서 약학대학에 갔고 약사가 되어 안정된 삶을 누릴 수 있을 거라는 꿈이 있었다. 나는 결혼할 때만 해도 아버지 사업이 망하기 전이었으니 조건이 세상적으로도 그리 나쁘지 않았다. 신혼집으로 32평 아파트를 구할 수 있었고, 아버지가 하시는 사업체에서 일하고 있어서 장래도 탄탄했다. 하지만 우리는 믿음을 가장 최우선으로 보고 서로를 선택했다. 아내와 나는 IVF에서 신앙 훈련을 하는 과정에 만나 우리의 중심에 늘 하나님을 모셨다.

만약 아내가 세상적인 조건만 보고 나를 선택했다면 결혼 1년 만에 첫딸이 장애아로 태어난 사건과 곧이어 시댁의 사업이 망해서 쪽방을 전전해야 했던 시절을 견디지 못했을 것이다. 여름엔 더워서 잠을 잘 수도 없고 온 가족이 함께 누울 수도 없는 방 두 칸짜리 조양빌라에서 어린 두 아이를 키우면서도 아내는 담담하게 잘 이겨 냈다.

새벽부터 신문 배달, 풀 뽑기, 전단지 돌리기 등으로 하루 종일 뛰어다녀도 딸 치료비조차 벌어 오지 못하는 무능한 남편을 아내는 무시하지 않고 격려하며 위로했다. 아내는 아픈 딸을 24시간 돌보느라 어렵게 공부한 약사 자격증이 썩는 것에 대해서도 억울해

하지 않았다. 충분히 돈을 벌겠다고 뛰어나갈 만도 한데 아내는 그 좁은 집 안에서 내가 벌어 오는 적은 돈에 자족하며 힘든 시절을 묵묵히 이겨 냈다. 그 모든 것이 우리 부부 가운데 주님이 계셨기에 가능한 일이었다. 사람이 사람을 뜨겁게 사랑하더라도 호르몬의 작용이 진정되면 그 뜨거움이 식는다. 하지만 하나님의 사랑을 통해 상대방을 사랑하면 어떤 어려움과 절망 속에서도 사랑을 지속할 수 있다. 그래서 결혼은 반석 위에 집을 짓는 것과 같이 사람의 감정적인 사랑이 아닌 하나님의 사랑 위에 지어야 한다. 그래야 어떤 풍파 속에서도 사랑을 굳건하게 지켜 낼 수 있기 때문이다.

세상적인 조건을 보고 배우자를 선택하는 것은 사랑의 감정 위에 결혼의 집을 짓는 것보다 더 위험하다. 사람의 조건은 결혼해서 살다 보면 언제든 바뀔 수 있기 때문이다. 좋은 스펙으로도 실업자가 될 수 있고, 많은 돈도 한순간에 물거품처럼 사라질 수 있다. 그러므로 크리스천은 모든 돈의 주인이 하나님임을 인정하고 그를 의지해서 믿음의 반석 위에 사랑의 결실을 맺어야 한다.

돈 걱정 없는 결혼 재무 관리

나(김의수)는 결혼예비학교에서 강의를 할 때가 많다. 그때 꼭 강조하는 재무 관리의 핵심은 다음과 같다.

첫째, 부부가 통장을 합친다

결혼을 하고 나서도 한참 동안 각자 통장을 관리하는 신혼부부들이 많다. 남편의 급여는 생활비로 쓰고, 아내의 급여는 저축을 한다는 식으로 각자의 급여를 관리하는 식이다. 그렇게 되면 서로 지출이 통제되지 않아 결국 나중에는 후회하게 된다. 결혼을 했으면 부부가 수입을 서로 공개하고 통장을 합치는 게 좋다.

맞벌이의 경우, 서로 상대방의 수입을 내 수입에 합해서 각각 수입을 높게 책정하게 된다. 예를 들어 남편의 월수입이 300만 원, 아내가 200만 원이라고 한다면 월수입을 500만 원으로 생각하고 지출하게 된다. 그렇다 보면 혼자 살 때보다 수입이 늘었다는 생각에 과도한 지출을 하게 된다. 그러니 통장은 합해야 한다. 무엇보다 통장을 합치면 돈이 들어오고 나가는 것을 정확하게 알 수 있기 때문에 재무 관리에 도움이 된다.

둘째, 단기부채를 갚는다

결혼 전에 썼던 신용카드 부채를 결혼 후에도 계속 갖고 있는 경우가 많다. 특히 결혼 준비를 하면서 신용카드를 쓰면 결혼 후 고스란히 빚으로 남게 된다. 이럴 때 부부가 각자 자신의 빚을 스스로 해결하겠다는 생각에서 감추는 경우가 많은데, 감추다 보면 부부 사이에 비밀이 생기고 해결도 되지 않는다.

그러므로 신혼여행을 다녀오면 먼저 단기부채를 공개하고 갚아나갈 계획을 세우는 것이 중요하다. 단기부채가 있는 상황에서 저축은 깨진 독에 물 붓기로 무의미하기 때문이다. 이것은 부부간에 신뢰의 문제다. 처음부터 단추 구멍을 잘 끼우지 않으면 계속 옷이

어긋나는 것처럼, 처음부터 명확하고 투명하게 서로의 재정을 공개하는 것이 필요하다.

이런 내용을 결혼 전에 미리 알면, 신용카드 빚을 지지 않고 깨끗한 재정으로 신혼생활을 시작할 수 있게 된다. 단기부채를 갚아야 급여를 받아서 온전히 사용할 수 있고, 그때부터 재무 시스템이 작동할 수 있다. 주님이 주신 급여로 한 달 동안 온전히 빚 없이 살 수 있게 되는 것이다.

셋째, 지출과 저축에 대한 예산을 세우고 지출 통장을 나눈다

남편과 아내의 수입을 합쳤으면 얼마를 저축할 것인지 정한다. 결혼한 직후에는 재테크에 크게 신경 쓰지 않아도 된다. 재테크를 해 봐야 금리가 크지 않기 때문에 차근차근 돈을 모으는 게 중요하다. 혹시 전세 대출금이 있다면 빨리 목돈을 모아서 대출금을 갚고 전세금이 오를 때를 대비해서 돈을 모으는 것이 필요하다. 수입에서 지출과 저축의 개념도 잘 세워 두어야 한다. 예를 들어 대출 원리금을 갚을 때 원금은 저축이고 이자는 지출이다.

저축이나 지출을 할 때 각각 통장을 나누어서 하면 좋다. 저축 통장은 저수지 통장과 비정기 통장으로 나눈다. 저수지 통장은 예산이 초과되거나 갑작스럽게 일이 생겨서 지출하게 될 때 사용하는 예비비 통장이다. 비정기 지출은 1년에 한 번 나가는 비용을 저축하는 통장이다. 예를 들어 명절 비용, 자동차 보험료, 어버이날 부모님 용돈 등이다. 저수지 통장과 비정기 통장은 전해에 다음 해의 지출을 준비하며 저축하는 통장이자 매년 사용하는 통장이다. 아무리 돈을 모아도 갑작스레 들어가는 예비비를 모아 두는 통장과 매월 들어가지는 않지만 연중 꼭 들어가야 하는 비용을 마련해 두는 비정기 통장을 준비해 놓지 않으면 저축이 의미가 없게 된다. 이렇게 시스템을 만들어 놓으면 순저축률이 높아질 수 있다.

지출 통장은 생활비와 용돈, 두 개의 통장으로 나누되 생활비 통장은 남편과 아내가 각각 체크카드를 갖고 있는 게 편리하다. 생활비 통장에서 공과금이며 관리비, 보험료 등을 자동이체로 빠져나가도록 하고 그때그때 사용하는 식비와 부식비, 문화생활비 등은 생활비 통장에 연계된 체크카드로 지출한다. 아내가 장을 본다든가 남편에게 퇴근할 때 부식을 사 오라고 할 때 생활비 연동 체크카드를 쓰면 된다. 그리고 용돈은 일정 금액을 정해 각자 관리한다. 생활비와 용돈을 구분해서 체크카드를 쓰게 되면 지출이 명확해져서 돈을 관리하기가 수월해진다.

넷째, 보험은 많이 들지 않는다

신혼부부 때는 신랑 이름으로 매월 불입금이 5만 원 정도 되는 2억 원 정기보험에 가입하는 것이 좋다. 신부는 할 필요가 없다. 정기보험은 생명보험사에서 가입하고 실비보험은 손해보험사에서 가입한다. 생명보험에서는 뇌경색이 보장 안 되기 때문이다. 암 보험이나 성인병 역시 손해보험사에서 가입한다.

자녀를 출산하기 전까지는 부부당 20만 원 정도면 충분하다. 신혼 초에는 노후 준비용 연금을 붓기보다 목돈을 모으고 일에 충실한 것이 안정된 노후를 위해 더 필요한 일이다. 어차피 금융 상품으로는 노후 준비가 안 된다. 오랫동안 일을 하고 지출 관리가 되어야 노후 준비가 된다. 연금을 들 때는 각자 들지 말고 한 집 당 한 연금으로 한다.

다섯째, 소비와 참조 틀(돈을 쓸 때 가치 기준이 되는 생각의 틀)을 줄인다

아무리 열심히 돈을 모아도 돈을 쓰는 기준인 참조 틀이 높으면 한 번에 큰 지출 구멍이 생기게 된다. 아파트 크기나 위치, 자동차 종류, 외식 장소 등에 따라서 지출 규모는 크게 차이가 난다. 그러므로 결혼한 부부가 참조 틀을 낮추면 소비는 저절로 조정이 된다.

특히 신용카드는 없애는 게 좋다. 신용카드는 곧 빚이다. 일반적으로 신용은 돈을 빌릴 수 있는 능력이라고 오해하는 경우가 많다. 하나님은 우리에게 미래를 담보 잡히는 신용이 아니라 주신 것 안에서 알뜰살뜰 살기를 바라신다. 하나님은 우리를 굶기시지 않는다. 주님이 오실 그날까지 수고하고 땀 흘리며 주신 것에 자족하며 사는 것이 크리스천이 돈을 잘 다스리며 사는 길이다.

특히 재무 관리를 본격적으로 하기에 앞서 부부가 서로 재무 대화를 하는 것이 매우 중요하다. 결혼 전부터 몸에 밴 돈 쓰는 습관이 각자 다르기 때문이다. 재무 대화를 통해서 서로를 이해하며 갈등의 구조를 없애야 한다.

나의 삶 돌아보기

당신이 부모님이라면

Q 자녀가 축의금을 받지 않고 예단도 없이 간소한 결혼식을 하겠다고 하면 어떻게 하겠습니까? 반대한다면 이유는 무엇입니까? 혹시 주변에 미리 낸 축의금을 돌려받지 못하는 것에 대해 아까운 마음이 있습니까?

Q 당신은 직장에 다니는 자녀의 월급을 직접 관리하게 합니까? 만약 부모가 관리하고 있다면 이유는 무엇입니까? 당신은 성인이 된 자녀와 경제적, 정신적으로 분리하는 것이 옳다고 생각합니까? 아니라면 어떤 이유에서입니까?

Q 자녀의 배우자 선택에서 가장 중요한 것이 무엇이라고 생각합니까? 그것이 성경의 가르침과 다르다면 어떤 것이 다릅니까?

당신이 청년이라면

Q 당신은 배우자 선택에서 가장 중요한 것이 무엇이라고 생각합니까? 상대의 믿음과 능력, 외모, 성품 중 어느 것이 가장 중요합니까?

Q 당신이 예상하는 적당한 결혼자금은 얼마입니까? 결혼자금이 부족해도 결혼하고 싶은 상대가 생기면 결혼할 수 있다고 생각합니까?

Q 당신은 크리스천의 결혼과 일반인의 결혼이 다르다고 생각합니까? 어떤 부분에서 다르다고 생각합니까?

---

3 내집마련:
기도와 함께 실질적인 준비를 하라

내 집의 소유권 내려놓기

나(데이비드 서)의 아내는 집 꾸미기를 좋아해 가구 하나를 살 때도, 그 가구를 배치할 때도 정성을 기울였다. 하지만 나는 생각이 달랐다. 집은 살아가는 데 필요한 집기들을 실용적으로 갖추고 있으면 된다고 생각했다. 손님을 초대할 때도 아내는 화장실부터 집 안 구석구석을 청소하느라 분주했다. 나는 우리가 사는 모습 그대로 보여 주는 것이 더 자연스럽지 않느냐고 했지만 아내는 쉽게 설득당하지 않았다. 아내는 집에 대한 애착이 있었다. 그리고 집은 자신의 얼굴과도 같다고 생각했다.

그런데 하나님의 재정 원칙에 관해 공부하면서 아내는 조금씩 달라졌다. 특히 아내의 생각을 가장 크게 변화시킨 것은《파인애플 스토리》였다. 우리 부부는 IBLP로부터《파인애플 스토리》의 주인공인 오토 커닝 선교사의 강의 내용을 번역해 달라는 의뢰를 받은 적이 있다. 번역 일을 맡은 것은 나였지만 번역한 것을 다시 정리하는 일을 아내가 맡았기 때문에 우리 부부는 같이 작업을 했다.

《파인애플 스토리》는 그림책으로 짧은 내용이 담겨 있지만, 실제 오토 선교사가 경험한 내용은 훨씬 더 다양하고 길었다. 그 내용이 어찌나 재미있던지 우리 부부는 작업하면서 배꼽을 잡고 웃은 적이 많다.

많은 사람들이 알다시피《파인애플 스토리》는 자신의 소유권을 하나님께 내려놓는 훈련의 과정을 담은 이야기다. 네덜란드령 뉴기니아에 선교사로 파송된 오토 커닝은 파인애플이 먹고 싶어서 파인애플 나무를 심었다. 하지만 원주민들이 파인애플이 익기도 전에 도둑질을 해 가는 바람에 파인애플 맛을 볼 수가 없었다.

원주민들과 실랑이를 벌이던 오토 선교사는 화가 나서 이런저런 방법들을 동원해 원주민들을 골탕 먹인다. 원주민들은 헬리콥터로 물품이 배송될 때면 미리 훔칠 물건들을 보기 위해 구경을 나왔다. 오토 선교사는 독일산 셰퍼드 한 마리를 몰래 들여왔다. 그리고 사람들이 헬리콥터 쪽으로 모이도록 유도했다. 헬리콥터 문이 열리자 사나운 셰퍼드가 튀어나왔고 원주민들은 다리야 날 살려라 하며 도망쳤다. 그 후 목발을 짚고 다리를 절룩거리며 치료를 받기 위해 선교사를 찾아온 원주민이 셰퍼드를 보고 놀라서 목발을 던진 채 지붕 위로 올라간 경우도 있었다.

가끔씩 오토 선교사는 원주민 마을에 빈 상자를 들고 가서 주민들이 훔친 물건들을 거둬 오는데, 원주민 여자의 귀고리로 사용되고 있는 아기 기저귀 옷핀과 뚫린 원주민 코의 장식으로 사용되던 모나미 볼펜을 다시 받아 오는 장면은 상상할수록 재미있었다. 도

수 안경을 훔쳐 쓰고는 비틀거리며 걸어오는 원주민을 기가 막힌 표정으로 보는 장면에서도 웃음이 저절로 터졌다.

결국 싸움에 지친 선교사는 안식년 때 본국에 돌아가 베이직 세미나에 참석했다. 그런데 그 세미나에서 큰 은혜를 받고 자신의 소유권을 하나님께 올려 드리기로 마음먹었다. 갑자기 싸움을 멈추고 온순해진 선교사의 태도에 놀란 원주민은 그 이유를 물었고, 선교사는 더 이상 이 파인애플이 내 것이 아니라 하나님의 것이니까 하나님이 지키실 거라고 말했다.

그러자 원주민들에게는 심각한 문제가 생겼다. 원주민들은 무당의 물건에 손을 대면 부정을 타기 때문에 물건을 훔치더라도 꼭 주인을 알아야 했다. 그런데 하나님이라는 분은 어디에 사는 누구인지 알 수가 없으니 원주민들은 긴장할 수밖에 없었다. 원주민들은 이웃 부족 마을까지 찾아가 파인애플 주인이 어디 살고 있는지 확인했다. 하지만 아무리 찾아도 알 수가 없었다. 공교롭게도 그때 원주민들의 자녀 출산이 줄어서 이 모든 것이 파인애플의 새 주인과 연관이 있다고 판단한 원주민들은 서로 돌아가며 파인애플을 지키기 위해 번을 서기로 했다. 누군가 모르고 파인애플을 훔쳐서 마을에 나쁜 일이 생기는 것을 미연에 방지하기 위해서였다.

시간이 흐른 어느 날 다른 곳으로 원정을 다녀와야 했을 때, 원주민들은 혹시 다른 주민이 파인애플을 훔치기 전에 모두 따서 선교사 집 현관 앞에 모아 놓았다. 선교사는 하나님께 소유권을 올려 드린 이후 더 이상 원주민들과 싸우지 않고 파인애플에 대해서 무심하게 살았는데, 어느 날 얌전하게 파인애플이 자신의 집 앞에 배달된 것을 보고 매우 놀랐다. 그 후 선교사는 파인애플뿐만 아니라 자신의 모든 물건들까지도 하나님께 소유권을 올려 드렸다. 그러자 거짓말처럼 원주민들로부터 도난당하는 일이 줄어들었다.

이 책의 번역 작업을 하면서 큰 감동을 받은 우리 부부는 우리의 집과 자동차를 하나님께 올려 드리기로 결심했다. 그러고 나니 한결 마음이 편안해지고 감사가 커졌다. 하나님의 집과 자동차를 우리가 빌려서 쓰는 것이니 물질에 대해서 훨씬 자유로워진 것이다. 우리나라에서 집값이 폭등하는 이유 중에는 자녀 교육을 위해 좋은 학군으로 몰리는 현상도 있겠지만, 어떻게든 내 집을 만들어야 한다는 강박에 가까운 신념도 영향이 큰 것 같다. 내 집이든 아니든 그 소유권을 주님께 올려 드린다면 집에 대한 집착도 내려놓을 수 있을 것이다.

실제로 아내는 집에 대한 집착이 크게 줄었다. 한 걸음 더 나아가 우리 집이 힘들고 어려운 사람들이 편하게 방문할 수 있는 곳이면 좋겠다는 의미로 집 이름을 '아둘람 동굴'(다윗이 도망하여 숨었던 굴)이라고 짓기도 했다. 내가 아파트 베란다에 새를 키울 수 있게 된 것도 아내가 집에 대한 소유권을 주님께 올려 드린 이후에 생긴 놀라운 변화 중 하나다. 새똥이 지저분하다는 이유로 새를 베란다에 풀어 키우는 것에 동의하지 않던 아내가 순순히 마음을 바꾼 것이다. 그래서 나는 아침마다 새들이 지저귀는 소리를 들으며 베란다에서 새들이 날아다니는 모습을 감상할 수 있게 됐다.

집은 언제 사야 하나?

하나님을 믿는 사람들의 내집마련은 세상과 달라야 한다고 믿는다. 나에게 재무 상담을 요청하는 크리스천 고객들 중에는 집 문제로 고민하는 분들이 많다. 대부분 언제 집을 구입하는 것이 좋은지, 예산은 얼마 정도를 잡아야 하는지를 묻는다. 하지만 크리스천이 내집마련을 시작하기 전에 스스로에게 물어봐야 할 질문이 있다. '과연 나에게 집은 어떤 의미인가?' 이 질문은 집에 대한 정확한 개념을 수립하는 데 매우 중요하다.

많은 크리스천들이 세상 사람들과 마찬가지로 집을 재테크의 수단으로 생각한다. 특히 2000년 초반에 집을 사서 크게 수익을 올린 사람들일수록 그런 생각을 쉽게 접지 못한다. 그래서 자녀 세대에게 무슨 일이 있어도 집은 꼭 사야 한다는 신념을 심어 준다. 1990년대 수서, 분당, 일산 등 대규모 신도시가 조성되면서 아파트 건설의 대활황기를 맞았고, IMF 때 집값이 내려가긴 했지만 2004년 이후로 바짝 오르면서 아파트는 사 놓으면 무조건 돈을 버는 투자처가 되었다. 그 결과 교회 안에서도 성도들이 크게 두 부류로 나뉘게 됐다. 당시 집을 사서 크게 돈을 번 사람들과 그렇지 못해서 후회하는 사람들이다.

부모 세대의 관심은 자녀가 언제 집을 사느냐이다. 특히 부모 세대는 6·25 전쟁 등 역사적으로 어려운 사건들을 겪으면서 집 없는 설움을 깊이 체험한 세대다. 그로 인해 집에 대한 집착이 무엇보다 깊고 강하다. 집을 사서 크게 돈을 번 부모들은 자신의 경험에 대한 확신이 있기에 자녀들에게 집을 아예 사 주거나 금전적으로 도와주면서 내집마련을 할 수 있게 한다. 그렇지 못한 부모들은 그때 못한 후회 때문에 지금이라도 자녀에게 어떻게 해서든 집을 사도록 강권한다.

하지만 집을 사 줄 형편은 못 되니 과다한 대출을 받아서라도 사게 만든다. 어중간한 형편의 사람들은 나중에 자녀에게 물려줄 심산으로 자녀 명의로 외곽에 비교적 싼 빌라를 구입한다. 구입비가 2억 5천만 원이라면 이중 대출이 1억 5천만 원이다. 하지만 외곽 지역의 빌라는 거의 가격이 오르지 않고 팔려고 해도 잘 팔리지 않는다. 자녀가 드디어 결혼을 해서 빌라를 받아도 대출 이자 때문에 신혼 때부터 부담이 만만치 않다.

아내는 가격도 오르지 않는 빌라를 장래성이 없다는 이유로 팔자고 하지만 남편은 부모가 사 준 집을 쉽게 팔지 못한다. 부모의 선택이 틀렸다는 것을 인정하면 부모를 욕 먹이는 것처럼 느껴지기 때문이다. 결국 이 문제로 부부의 갈등이 깊어진다. 나는 상담하면서 이런 모습들을 흔히 접했다.

우리나라의 지금 상황을 냉정하게 돌아보면 앞으로 집값은 하락할 수밖에 없다. 개인적인 판단으로 2020년쯤이면 확실히 결정이 날 것 같다. 가계 부채가 1300조를 넘긴 지금 상황에서 집값이 꺾인다면 수많은 사람들이 집 때문에 망하는 사태가 벌어질 것이다.

교회에도 맘몬이 심어 준 잘못된 믿음이 득세하고 있다. 집에 대한 것도 마찬가지다. 좋은 집, 비싼 집에 사는 사람들은 하나님의 축복을 받아서 성공했다고 자고하고 그렇지 못한 사람들은 상대적인 박탈감과 빈곤감에 허덕인다. 세상과 다를 바가 없다. 전세가 계속 오르는 상황에서 많은 크리스천들이 언제 집을 사면 좋겠느냐고 물어 온다. 성경적으로 본다면 집은 살 수 있을 때 사는 것이다. 남들이 하니까 무작정 빚을 내서 집을 사는 것은 망하는 지름길이다. 결혼을 해서 집을 사야 할 시기가 올 때까지 차근차근 준비해야 한다.

어떤 형제는 내집마련을 위한 실질적인 준비는 하지 않고 오직 기도에만 매달린다. 물론 하나님의 도우심이 있어야 집을 구입할 수 있는 것은 맞다. 하지만 우리의 노력 역시 필요하다. 신혼부부인 경우 정부에서 공급하는 보금자리 주택 등 좋은 혜택을 누리면서 내집마련을 할 수 있는 길을 알아보라.

신혼부부는 3년 차까지 1순위다. 큰 택지를 개발할 경우 30% 정도가 신혼부부를 위한 특별 공급으로 나온다. 1000세대를 공급한다고 가정한다면 300세대를 신혼부부에게 주니 엄청난 양이다. 안타까운 것은 이러한 정보에 크리스천들이 둔감하다는 것이다. 국민 임대, 장기 전세, 공공 분양, 분양 임대 등 찾아보면 얼마든지 다양한 정보를 쉽게 구할 수 있는데도 엎드려 기도만 한다. 교회 안에서도 양극화 현상이 일어난다. 재테크를 잘하는 사람들은 지나칠 정도로 집 정보에 관심을 기울이고, 그렇지 못한 사람들은 손 놓고 하나님이 주실 거라며 기도만 한다.

집은 가족이 함께 모여 사는 공간이지만 집보다는 함께 거주하는 가족 구성원들 간의 관계가 더 중요하다. 구성원들끼리 관계가 좋으면 적은 돈으로 마련한 좁은 공간 안에서 행복하게 잘 살 수 있다. 집은 실은 건물이 아니라 공간의 개념이다. 그 공간 안에서 살아가는 구성원들이 어떤 가치관을 갖고 살아가느냐에 따라서 집은 다르게 볼 수 있다.

집 문제가 정리되지 않는 것은 그 집 안에 사는 구성원들의 신앙관과 삶의 가치관이 정립되지 않았기 때문이라고 생각한다. 많은 크리스천들이 집을 통한 안목의 정욕과 이생의 자랑을 벗어버리지 못한다. 좋은 대학, 좋은 스펙, 좋은 직장과 같은 방식으로 좋은 집을 마련하고 싶어 한다. 그것이 행복을 좌우한다고 믿는다.

이런 세상의 가치관에서 벗어나기 위해서는 돈, 즉 맘몬과의 치열한 싸움에서 이겨야 한다. 그리고 개인과 교회 공동체가 그 싸움을 함께 감당할 수 있어야 한다. 눈높이를 낮춘다면 훨씬 더 수월하게 국가 정책을 활용하여 실제적으로 주거 문제를 해결할 수 있다. 그렇게 되면 작은 집에서 누리는 자족의 기쁨이 하나님의 선물처럼 따라온다. 믿음의 관점에서 멀리 바라보며 고민할 필요가 있다. 하나님이 집을 주시면 가지고 주지 않으시면 안 가질 수도 있어야 한다.

차나 다른 물건들도 마찬가지다. 나에게 꼭 필요한 것처럼 여겨져도 주님이 주셔야만 가질 수 있는 것이다. 집은 잘못하면 사탄이 크리스천들을 넘어뜨리기 위한 도구로도 사용될 수 있다. 집 문제로 하나님이 주신 소중한 가정이 깨질 수도 있기 때문이다. 그러므로 늘 기도해야 한다. 기도를 통해서 하나님의 인도하심을 느끼고 그 인도하심에 순종할 수 있어야 한다.

고객 중에서 상암동 아파트에서 살다가 전셋값이 너무 많이 올라서 수지에 있는 작은 아파트로 이사한 가족이 있다. 처음에는 자녀 교육 문제 등을 생각하며 떠밀리듯 이사 가는 것에 매우 우울해했지만 직접 살아 본 후에는 생각이 완전히 달라졌다. 아이들이 새로 이사한 집 근처의 도서관을 즐겨 찾으면서 책을 가까이하는 습관을 갖게 됐기 때문이다. 부부는 이사를 잘 온 것 같다며 하나님의 인도하심을 느낀다고 고백했다.

국가 주택 정책을 적극 활용하라

"여보, 보세요. 우리 집이에요!"

"그래. 생각보다 안에 들어오니까 괜찮은 것 같아."

"괜찮은 정도가 아니에요. 이 정도면 훌륭해요. 아! 이젠 전세금 때문에 여기저기 쫓겨 다니지 않아도 된다는 게 꿈만 같아요."

박정우 씨(가명, 35세)는 기뻐하는 아내 김혜진 씨(가명, 33세)를 보면서 감회가 새로웠다. 정우 씨는 그동안 여러 차례 공공 임대를 신청했다가 올해 드디어 보금자리 아파트가 당첨되어 입주하게 된 것이다.

젊은 크리스천 부부인 정우 씨와 혜진 씨가 재무 상담을 받기 위해 나(김의수)를 찾아온 것은 작년 이맘때였다. 아내인 혜진 씨는 상담실 문을 열고 들어올 때부터 얼굴에 수심이 가득했다. 혜진 씨는

맞벌이 부부로 일하다가 자녀 출산을 앞두고 직장을 휴직한 상태였다. 중소기업에 다니는 남편의 월수입은 350만 원이었는데, 혜진 씨가 맞벌이로 일할 때는 250만 원을 추가해 총 600만 원 정도의 수입이 있었다. 집은 1억 7천만 원에 전세로 살고 있었고 3천만 원의 전세 대출이 있었다. 문제는 혜진 씨가 출산 이후 아기를 키우면서 아예 둘째까지 낳고 직장을 그만둘 생각을 하면서 시작됐다.

몇 차례의 상담 후 복직해야 할 시간이 다가오면서 결정을 내리지 못한 혜진 씨는 고민에 빠졌다. 혜진 씨가 직장을 그만두고 둘째를 가질 예정이라고 하자 부모님은 물론, 주변의 믿음의 친구들까지 말리고 나섰다. 지금 직장을 그만두면 남편 혼자 버는 돈으로 집을 사기가 힘들다는 것이었다. 하지만 혜진 씨 생각은 달랐다. 어차피 지출해야 하는 아기돌보미 비용을 생각하면 돈을 더 아껴 쓰더라도 전업주부로서 아기를 직접 키우는 게 훨씬 더 낫다고 생각했기 때문이다. 직장 생활을 하면서 들어가는 부수적인 비용까지 생각하면 100만 원 정도를 더 벌기 위해서 엄마도 아기도 힘든 시간을 보내야 했다.

혜진 씨 남편 정우 씨는 가파르게 오르는 전세 비용에 부담을 느껴서 2억 원 정도를 대출 받아서 아예 집을 사고 싶어 했다. 요즘 이자가 싸서 부담이 그리 크지 않다고 느낀 것 같았다. 하지만 나는 두 사람이 집을 사는 것에 강력하게 반대했다. 거액의 빚을 내서 집을 구입하는 것은 위험한 일이다. 지금은 이자가 싸다고 하지만 언제 금리 인상이 될지 알 수 없다. 이자가 오르면 혜진 씨네 가정은 꼼짝없이 빚에 휘감기게 된다. 나는 집을 사는 것보다 공공 임대처럼 나라에서 정책적으로 지원하는 시스템을 통해 집을 구입하라고 조언했다.

일단 신청을 해 놓고 당첨이 될 때까지 전세로 지내면 부담 없이 안정된 주거지를 확보할 수 있다고 설득했다. 만약 무리해서 집을 구입하게 되면 3년 후 혜진 씨는 무조건 다시 직장 생활을 시작해야 한다고 이야기했다. 나 역시 여건이 허락한다면 자녀가 어느 정도 자랄 때까지 엄마가 직접 양육하는 것이 바람직하다고 믿는 터라 더욱 그렇게 조언했다. 두 사람은 상담을 마치고 무거운 발걸음으로 돌아갔다. 나도 그들이 원하는 답을 명쾌하게 내주지 못한 것 같아서 마음이 무거웠다.

그 후 두 사람은 몇 번 더 나와 상담을 했고 나는 그때마다 집 구입을 말렸다. 그리고 꾸준히 공공 임대를 신청하도록 격려했다. 처음에는 갈등하던 부부도 공공 임대로 가닥을 잡고 나니 마음이 편안해진다고 했다. 그리고 3년 후 부부는 그렇게 원하던 보금자리 아파트에 당첨됐다. 이사를 하고 나서 두 사람은 예쁘게 꾸민 집의 사진과 건강하게 태어나 잘 자라고 있는 아기의 사진을 내게 보내 줬다. 그리고 그때 빚을 내서 집을 사지 않고 끈기 있게 기다리길 정말 잘한 것 같다고 말했다. 나도 말할 수 없이 기뻤다. 고객이 나의 조언대로 해서 돈 걱정 없이 살게 되는 그 순간이 내가 일하면서 가장 행복한 순간이기 때문이다.

나의 삶 돌아보기

Q 주변에 크리스천이면서 부동산 투자를 통해 돈을 번 사람이 있습니까? 있다면 그 사례를 통해 당신의 생각은 어떤 영향을 받았습니까? 그 사례와 믿음은 어떤 상관이 있다고 생각합니까?

Q 원하는 집의 기준은 어떤 것입니까(평형이나 모양, 구조 등)? 당신의 집이 당신의 가치를 대변한다고 생각합니까? 가진 돈보다 더 비싼 집을 선택한 적이 있습니까? 당신이 어떤 동네에 사느냐에 따라서 자랑스럽게 느끼거나 창피하게 느낀 적이 있습니까?

Q 당신은 집이 있는 상태에서 전매로 돈을 번 적이 있습니까? 집을 투자의 목적으로 사거나 매도한 적이 있습니까? 이를 크리스천의 관점으로 본다면 어떻게 해석할 수 있습니까?

Q 당신은 평생 동안 집 없이 살아야 한다면 받아들일 수 있습니까? 있다면 어떤 이유로 받아들일 수 있습니까? 없다면 어떤 이유로 받아들일 수 없습니까?

Q 당신은 집을 선택할 때 가장 먼저 고려하는 것이 무엇입니까? 그 이유는 무엇입니까?

인생의 전 기간을 통해 완성하라

남편이 오래 일하도록 돕기

복지관 물리 치료사로 일하고 있는 오지훈 씨(가명, 48세) 부부가 나(김의수)에게 재무 상담을 신청했을 때 두 사람은 삶에 지쳐서 아무런 희망이 없어 보였다. 특히 오랫동안 학습지 교사로 일해 온 아내 김순영 씨(가명, 45세)는 몹시 지쳐 있었고 남편에 대한 불만과 원망이 가득했다.

오지훈 씨 부부의 재무 상황을 살펴보니 남편 월수입은 240만 원, 아내는 160만 원으로 총 월수입이 400만 원이었고 고3인 자녀가 한 명 있었다. 자산은 3억 원 정도 하는 빌라 한 채가 있었고 월지출 300만 원에 100만 원 정도의 잉여금이 있었다. 얼핏 보면 크게 문제가 없는 매우 평범한 가정이었다. 하지만 평범해 보이는 가정이라도 그 내막을 살펴보면 너무 힘들어서 죽지 못해 사는 경우가 많다.

오지훈 씨 가정의 문제는 아내가 건강이 나빠져서 학습지 교사를 그만두고 싶어 하면서부터 시작됐다. 아내가 일을 그만두게 되면 수입 160만 원이 사라지고 저축할 돈이 없어지는 것은 물론이거니와 월 60만 원의 가계 수지 적자가 발생하기 때문이다.

하지만 고3인 아들이 곧 대학에 가면 학자금이 필요하므로 아내는 일을 그만둘 수 없는 상황이었다. 몸이 아픈데도 계속 일을 해야 하는 상황에서 아내의 불만은 계속 쌓여 갔다. 결국 그 불만의 화살이 모두 남편에게로 쏟아졌다. 아내가 힘든 심정을 토로하는 동안 남편 오지훈 씨는 내내 굳은 표정으로 침묵을 지켰다. 당장 수입을 늘리기 힘든 남편으로서는 딱히 할 말이 없었기 때문이다.

나는 은퇴 설계를 할 때 부부가 가치 있는 삶에 대한 기준을 정하고 재무와 관련해 대화를 나누는 것이 중요하다고 설명하고 그렇게 상담을 이끌어 가는 편이다. 하지만 지난 10년, 20년 동안 고착된 습관이나 가치관을 바꾸는 것이 쉬운 일이 아니다. 내가 믿는 것은 모든 사람들이 희망을 찾고 싶어 하며 더 나은 미래를 원한다는 것이다. 단지 부부간에 이러한 마음을 나누고 대안을 찾을 수 있는 기회를 마련하지 못했기 때문에 갈등을 안고 살아가는 것이다. 내가 상담을 통해 도와줄 수 있는 부분은 바로 그런 대화를 시도함으로써 서로의 상황을 이해하게 만들고 새로운 해결책을 스스로 찾을 수 있도록 하는 것이다.

상담을 하는 내내 부인은 남편에 대한 불만을 토로했다. 남편은 대기업에 좋은 성적으로 입사했지만 조직 생활에 적응하지 못해 늦은 나이에 직장을 그만두고 다시 대학에 들어갔다. 처음엔 의대를 준비했지만 상황이 어려워져서 물리치료학과에 들어가 공부한 후 물리 치료사가 되었다. 아내는 좋은 직장을 그만두고 나온 남편에게 원망이 생길 수밖에 없었고, 더구나 큰 병원에서 일할 수 있었음에도 복지관을 선택한 남편의 가치관 때문에 자신이 몸이 아픈데도 일을 그만둘 수 없는 현실에 답답함을 느꼈다.

대기업에 다니는 남편과 결혼할 때만 해도 아내는 자신이 남편의 뒤늦은 학업 뒷바라지를 해야 할 줄은 상상도 하지 못했다. 그렇게 노력했음에도 두 사람의 미래가 암울하다고 생각하면 아내는 화병이 생길 지경이었다.

나는 우선 아내 김순영 씨의 불만을 충분히 들은 다음 이렇게 말했다.

"다 듣고 보니 그동안 마음이 많이 답답하셨겠네요. 그런데 제가 보기에 크게 암울해하지 않으셔도 될 것 같아요. 지금까지는 남편이 큰돈을 벌지 못했지만 노후 준비를 위해서는 이제부터 진짜 승부가 시작되거든요."

"예? 그게 무슨 말씀이세요?"

"사실 남자 나이 50이면 대부분 직장에서 물러날 때예요. 특히 대기업은 임원이 되기가 힘드니까 일찍 퇴직하는 경우가 많죠. 제 고객 중에도 50대 초반에 높은 연봉으로 생활하다가 퇴직 후 낮아진 급여로 노후 준비도 안 되고 힘들어하는 고객들이 여럿 계세요. 그런데 오지훈 씨 같은 경우는 아주 좋은 케이스지요. 일단 물리 치료라는 좋은 기술을 가지고 있고, 성실하고 실력이 뛰어나서 복지관에서도 좋은 평가를 받고 있잖습니까? 지금은 비록 급여가

240만 원이지만 10년, 20년 건강만 허락한다면 계속 일을 하실 수 있다는 게 강점이지요. 앞으로 노인 인구가 증가되고 초고령 사회가 되면 요양병원 같은 곳에서도 물리 치료사가 필요할 거예요. 남편의 일은 이제부터 진가가 나타나기 시작하는 거지요."

"그래요?"

나의 설명을 들으면서 아내 김순영 씨의 표정이 점점 밝아졌다.

"대신 부인께 부탁이 있습니다. 많이 힘드시겠지만 지금까지 잘 견뎌 오신 것처럼 자녀가 대학 졸업할 때까지만 학습지 교사를 계속해 주셨으면 합니다."

"뭐 그거야… 계속할 수 있지요…."

"그리고 지금까지의 불만을 털어 버리고 남편의 노고를 인정해 주면서 남편의 건강을 잘 유지해 주시는 게 중요합니다. 좋은 음식 등으로 기름칠하고 잘 관리하시면 앞으로 10년, 20년은 충분히 돈을 벌어다 주실 테니까요. 다른 사람들이 노후에 아파트 경비원 자리도 찾기 힘들 때 남편께서는 이미 좋은 직업이 있으니 남들보다 훨씬 유리한 입장인 겁니다. 게다가 본인이 좋아하는 일을 하면서 돈을 벌 수 있다는 건 매우 큰 장점이지요."

"듣고 보니 그렇네요."

"그럼요. 그러니 무조건 남편에게 잘해 주세요. 마음 편하게 일할 수 있도록 말입니다. 그게 두 분에게는 가장 좋은 재무 전략이에요."

두 사람은 상담을 시작한 후 처음으로 웃음을 보였다.

"은퇴 후에는 일을 연장해서 적은 수입이라도 얻을 수 있는 게 엄청난 연금 재원을 만드는 겁니다. 향후 15년 동안 개인연금에 월 평균 60만 원을 불입해도 노후에 받는 돈이 40만 원이 안 됩니다. 그런데 노후에 물리 치료사로 적게 벌어도 월 100만 원은 벌 수 있으니 그렇게 생각하면 어마어마한 금액인 거죠."

아내 순영 씨는 1차 상담을 끝내고 2차 상담 때 계속 일을 하겠다고 결정했다. 그리고 매월 잉여금 100만 원 중에서 40만 원을 노후 연금으로 준비하고 싶다고 해서 20만 원은 개인연금에 가입하고 20만 원은 추가 불입하도록 했다. 2차 상담 때는 두 사람의 표정이 1차 상담 때와 비교할 수 없을 만큼 평안하고 밝았다. 미래에 대한 희망이 생겼기 때문이다. 상담을 하면 할수록 나는 현실이 우리의 삶을 지배하는 것이 아니라 사람의 마음이 삶을 지배한다는 것을 확인하게 된다. 두 사람의 삶은 변하지 않았지만 아내는 남편에 대한 원망 대신 고마움이 생겼고, 남편 또한 현실에 대한 절망에서 벗어나 새로운 희망을 갖게 되었다.

2차 상담 때 나는 두 사람에게 숙제를 내 주었다. 남편은 3차 상담 전에 헬스장에 등록하라는 것이었다. 처음 상담실에 들어섰을 때 남편 오지훈 씨의 얼굴은 몹시 피곤해 보였다. 마흔여덟 살의 나이에 물리 치료사 일을 하는 것이 체력적으로 힘들었기 때문이다. 체력을 단련하는 것이 가장 필요하다고 생각한 나는 오지훈 씨에게 헬스장에 등록한 후 등록증 사진을 찍어서 보내 달라고 요청했다. 일종의 숙제 확인인 셈이다. 내가 남편에게 숙제를 설명하는 동안 아내 김순영 씨는 내내 손뼉까지 치며 맞다면서 웃음을 터뜨렸다. 남편 오지훈 씨 역시 엉뚱한 숙제를 받아들고 상담실을 나서면서 웃음을 감추지 못했다. 일주일 후 오지훈 씨로부터 문자가 왔다. 3개월에 8만 원으로 헬스장 등록을 했다는 내용이었다. 상담 후 두 사람의 관계는 급속도로 좋아졌고, 노후에 대한 불안도 많이 사라졌다. 가정 안에 묵혀 있던 많은 문제들이 해결되면서 다시 화목한 가정이 된 것이다. 결국 노후 문제는 부부가 하나 되어 마음을 합하는 것에서부터 출발한다는 것을 오지훈 씨 부부 상담을 통해 다시금 확인할 수 있었다.

노후 준비는 결코 돈으로 되지 않는다

불 꺼진 예배당에 들리던 그 목소리
이제는 뵐 수 없는 그 권사님의 찬송 소리
노래는 어눌해도 늘 같은 곡이어도
헛헛한 내 안에 텅 빈 마음속 위로였어
그렇듯 노래는 내게로 와 날 지나쳐 흐르는 동안
저기 저만치에 깃발처럼 내 일생에 나부끼고
그렇듯 찬송은 내게로 와 오히려 나의 삶이 되고
여기 내 곁에 이 기타처럼 날 노래할 수 있게 해
_한웅재 목사의 〈찬송가〉

이 찬양을 들을 때마다 나(김의수)는 잔잔한 감동을 느낀다. 어렸을 때 듣던 할머니의 기도 소리와 찬송 소리가 아득하게 들리는 것 같기 때문이다. 내가 기억하는 할머니의 모습은 이 가사 속 어느 권사님처럼 늘 기도하고 찬송하는 모습이었다. 할머니 시대의 신앙인의 모습에서는 뭔가 알 수 없는 평안과 깊은 믿음의 순도가 느껴진다.

분명 지금보다 더 가난하고 힘겨운 환경이었을 텐데 주님이 주시는 평안이 더 깊게 느껴지는 이유는 무엇일까. 지금 시대를 살아가는 신앙인들은 그때보다 훨씬 풍족한 환경을 누리는데도 마음은 더 가난한 것 같다. 정년을 앞둔 50대뿐만 아니라 40대, 이제 막 결혼한 30대 신혼부부까지도 노후에 대한 두려움을 떨쳐 버리지 못한다. '노후에 돈이 없으면 죽음보다 더 지독한 고통을 겪게 된다'는 세상 맘몬이 주는 거짓 메시지에 사로잡혀 있기 때문이다.

그래서 집도 빨리 장만해야 하고 자녀도 성공적으로 키워야 하고 연금도 많이 들어서 안전한 노후를 준비해야 한다. 그렇지 못하면 노후에 독거노인이 되어 아무도 없는 빈 방에서 쓸쓸히 죽어 갈 것이라고 겁을 먹는다. 거짓 메시지에 속아서 허겁지겁 두려움에 쫓기며 살다 보면 주님이 주시는 평안과 사랑을 잃어버리기 쉽다. 안정적인 육신의 미래를 얻기 위해서 영원한 구원의 미래를 놓치고 마는 것이다.

우리가 알거니와 하나님을 사랑하는 자 곧 그의 뜻대로 부르심

을 입은 자들에게는 모든 것이 합력하여 선을 이루느니라 하나
님이 미리 아신 자들을 또한 그 아들의 형상을 본받게 하기 위
하여 미리 정하셨으니 이는 그로 많은 형제 중에서 맏아들이
되게 하려 하심이니라 또 미리 정하신 그들을 또한 부르시고
부르신 그들을 또한 의롭다 하시고 의롭다 하신 그들을 또한
영화롭게 하셨느니라 롬 8:28-30

이 구절은 구원의 황금 사슬 구절로 유명하다. '예지예정-부르
심-의롭게 하심-영화'의 단계를 말해 주기 때문이다. 이중에서 마
지막 완성이 바로 영화(glorified)다. 모든 인생은 죽음에 이른다. 하지
만 주님을 믿는 우리는 죽음 이후에 주님과 함께 새로운 영의 삶을
시작한다. 그렇다고 해서 육의 삶이 중요하지 않은 것은 아니다.

육의 삶에서 노후는 우리의 몸이 이 땅에서 거치는 마지막 단계
다. 끝까지 말씀 안에서 성숙되어 가는 성화의 과정이 바로 크리스
천의 노후인 것이다. 주님이 몸으로 이 땅에 오셔서 친히 보여 주신
것처럼, 몸을 갖고 사는 우리의 삶은 중요한 의미를 갖는다.

내가 확신하노니 사망이나 생명이나 천사들이나 권세자들이나
현재 일이나 장래 일이나 능력이나 높음이나 깊음이나 다른 어
떤 피조물이라도 우리를 우리 주 그리스도 예수 안에 있는 하
나님의 사랑에서 끊을 수 없으리라 롬 8:38-39

하나님은 이 말씀을 통해 그 어떤 것도 예수 안에 있는 하나님의 사랑에서 우리를 끊을 수 없다고 선포하신다. 크리스천의 노후는 주님의 사랑에서 끊어지지 않는 것이 가장 중요하다.

크리스천의 돈 걱정 없는 노후는 결국 우리가 누구이며, 어디서 와서 어디로 가는지에 대한 근원적인 믿음과 관점에 달려 있다고 해도 과언이 아니다. 나는 지난 14년간 현장에서 재무 상담을 하면서 세상적으로 보면 남부러울 것 없이 모든 것을 갖춘 사람들이 여전히 행복하지 않은 노후를 보내는 것을 지켜봤다. 노후 준비는 결코 돈으로만 되지 않는다는 확신을 갖게 된 것도 그 때문이다.

인생을 살다 보면 돈으로 해결할 수 없는 막막한 고난 앞에 서게 될 때가 있다. 세상 사람들과 달리 크리스천은 고난 앞에서 믿음의 힘이 더욱 빛을 발하게 된다. 고난을 통해서 한 단계 성숙된 신앙을 갖게 되기 때문이다. 크리스천은 인생을 믿음의 시각으로 바라보아야 한다. 그렇게 보면 노후의 삶 역시 어떤 어려움과 고난이 닥친다고 하더라도 넉넉히 이기는 싸움이 될 수 있을 것이다.

인생의 전 기간을 통해 완성되는 노후 준비

크리스천의 노후는 결코 연금 같은 금융 상품이나 임대 소득이 나오는 부동산으로 준비되는 것이 아니다. 오늘 내가 있는 이 자리에서 하나님 나라를 먼저 구하고, 주어진 자신의 소득과 경제 상황에 자족하고 감사하며 살아가는 믿음의 자세가 바로 노후 준비의 핵심이기 때문이다. 그러므로 크리스천의 노후 준비는 인생 전체를 살펴서 다뤄야 한다. 각 과정별로 중요한 재무 원칙 몇 가지를 간추려 보면 다음과 같다.

싱글

크리스천 청년이 대학을 졸업하고 첫 급여를 받게 되는 그 순간부터 돈에 대한 영적 전투가 시작된다. 모든 것을 주님이 주셨다고 말로는 고백하지만, 실제로 내 통장에 한 달 동안 일한 대가가 들어오면 생각이 달라진다. 내 돈! 그렇다. 내가 결정하고 맘대로 쓸 수 있는 내 돈을 갖게 되는 것이다. 이 순간을 얼마나 기다려 왔던가. 가까스로 십일조를 떼어 놓고 나면 내 돈을 쓸 궁리로 행복해진다. 물론 쓰기 시작하면 거품처럼 돈이 신속하게 빠져나가지만 말이다.

싱글 때 가장 중요한 재정 원칙은 내가 수고해서 받는 급여가 과연 누구의 것인지에 대한 올바른 인식을 갖는 것이다. 그 바른 인식 아래 꼭 필요한 곳에 돈을 잘 사용하는 훈련이 필요하다. 이때 첫 단추를 잘 끼우지 않으면 재정적인 부분에서 주님의 주 되심을 인정하는 것이 점점 어려워진다. 그리고 결혼 전에는 신용카드 할부 같은 빚을 지지 않고 주님이 허락하신 범위 안에서 현금만 사용하는 것이 중요하다. 굳이 싱글 때부터 노후를 위한 연금을 가입할 필요는 없다. 직업을 갖고 열심히 일하는 순간부터 최소한의 국민연금과 퇴직연금이 이미 시작되기 때문이다.

신혼부부

싱글 때부터 재정 훈련이 잘된 청년이라면 결혼과 동시에 부부가 통장을 합치고 재정 관리를 함께하면 된다. 결혼이 결정된 순간부터 두 사람은 주님이 주신 재정 안에서 결혼 비용, 전세 비용을 마련하는 중에 발생하는 빚을 최대한 줄이는 훈련이 필요하다.

앞서 4장 '결혼' 편에서도 언급했듯이 결혼을 하게 되면 남녀 두 사람은 각자 살면서 습득한 돈에 대한 감정을 솔직하게 이야기하는 시간을 갖는 것이 중요하다. 이렇게 시작된 재무 대화는 부부가 살아가는 데 평생 큰 재산이 된다. 신혼부부 때부터 재무 대화를 잘한 부부는 노년에 노후 자금이 조금 부족해도 충분히 준비된 자금에 맞춰서 함께 살아갈 수 있기 때문이다.

그리고 결혼하고 나면 하나님이 주신 급여는 이제 개인의 급여가 아니고 가정 공동체에 허락하신 급여가 된다. 싱글 때는 본인을 위해 재정을 사용했다면 결혼 이후에는 가정 공동체를 중심으로 재정을 사용해야 한다. 또한 부부가 삶의 우선순위를 먼저 정하고 그 우선순위를 통한 지출을 하는 훈련이 필요하다. 이런 재정 훈련을 통해 한평생 가치 있는 삶을 배우면서 노후를 준비한다면 노후에 돈 걱정 없이 자족하며 살 수 있을 것이다.

40대 중년 가정

본격적인 자녀 교육비 지출이 늘어나는 시기가 바로 이때다. 일반적으로 이 시기에는 여전히 '내집마련 대출'이 남아 있을 가능성이 높다. 보통 20~30년 동안 갚아 나가는 주택 담보 대출은 50대 정년퇴직 때까지 대출금과 이자를 갚아 나가야 하는 경우가 많다. 그런데 문제는 자녀 교육비 지출도 계속 늘어난다는 것이다. 그래서 정년 후 "그동안 열심히 일했는데 왜 남는 돈이 없는 걸까?" 하며 허탈해하는 사람들이 많다.

그들을 상담해 보면 대부분 과다한 자녀 교육비가 문제였음을 알게 된다. 자녀 교육비로 엄청난 지출을 했음에도 불구하고, 그 자녀들이 부모에게 아무런 노후 보장이 되지 못하는 것을 깨닫게 되는 시기는 40대가 아닌 60대. 40대부터 본격적인 노후 준비를 염두에 두고 지출을 해야 한다.

자녀 교육비는 본인 소득의 20% 이상을 넘어서는 안 된다. 물론 자녀 한 명이든 두 명이든 상관없이 최대 20%다. 이 범위를 넘어 지출하면 결국 부모의 노후 자금을 빼서 자녀 교육비로 다 써 버리는 것이 된다. 좋은 대학에 가고 좋은 직장에 가는 것이 자녀들에게 중요한 것이 아니라 그보다는 자녀들이 하나님 안에서 본인의 존귀함을 발견하고 자신의 재능을 개발할 수 있는 믿음의 시각이 필요하다. 자녀 역시 자신의 주어진 형편 안에서 자족하고 감사하며 살아가는 힘을 길러 줘야 하기 때문이다. 그것이 무조건 자녀를 위해 돈을 쏟아붓는 사랑보다 더 가치 있고 중요한 참 사랑이다.

50대 예비 은퇴자 가정

50대가 되면 가장인 남편의 퇴직을 걱정해야 하는 시기다. 하지만 동시에 자녀들이 대학에 입학하는 시기이므로 대학 학자금 지출이 가계에 큰 부담이 된다. 많은 부모들이 자녀의 입시를 위한 사교육비를 지원하느라 많은 돈을 쏟아부었는데 자녀가 대학에 가서도 물먹는 하마처럼 교육비가 계속 나가는 것을 경험하게 된다. 50대는 노후 준비를 위한 마지막 기회임에도 부모는 자녀 교육비를 쉽게 포기하지 못한다. 그것이 부모의 마음이다.

하지만 앞서 3장 '자녀 교육과 돈' 편에서 설명했듯이 그것은 자녀를 위하는 마음이라기보다는 자녀의 성공을 바라는 나의 욕심일 가능성이 높다. 자신의 형편보다 과도하게 자녀 교육비를 지출한다면 자신의 내면을 살펴보고 욕심을 먼저 분별해서 살펴볼 필요가 있다.

노후 준비가 안 되었다면 자녀의 대학 자금은 50% 정도만 지원하고 나머지는 자녀 스스로 감당하도록 해야 한다. 자녀의 결혼과 이후의 삶까지 부모가 책임질 수는 없기 때문이다. 자녀들이 대학을 졸업하고 나면 부모를 떠나 독립적으로 삶을 감당하도록 유도해야 한다. 그것이 진정으로 자녀를 살리는 길이고 부모가 사는 길이다. 더 나아가 자녀를 주님께 맡기고 주님의 뜻 아래 순종하는 길이다.

60대 정년퇴직 이후

많은 사람들이 정년퇴직 후 노후를 두려워하는 것은 정년퇴직 직전의 소득과 지출을 내려놓지 못하기 때문이다. 이전의 직장에서 누리던 자신의 위치와 수입을 생각하며 그 이후의 삶을 비교하면 우울해질 수밖에 없다. 하지만 크리스천의 노후는 주님께 가기 전에 마지막 남은 3막 인생의 첫 출발점이다. 앞으로 천국 갈 때까지 20년이 될지 30년이 될지는 아무도 모른다.

그러므로 3막 초년생으로서 어떻게 30년을 보낼지를 부부가 함께 생각하고 준비하는 것이 필요하다. 여전히 재정적으로 수입이 필요하면 어떤 식으로든 일을 해야 한다. 그리고 최소한의 생활비로 사는 훈련을 하면 그리 큰돈 없이도 충분히 잘 살아갈 수 있다. 중요한 것은 어떻게 노후를 시작할 것이냐 하는 질문에 대한 답을 스스로 갖고 있어야 한다. 또한 천국에 갈 때까지 지금 내가 사는 이곳에서 주님의 뜻을 전하며 수고하고 헌신할 수 있는 기회를 찾아보는 것도 중요하다. 그것이 우리 크리스천이 이 땅에서 살아가는 참된 이유이기 때문이다.

돈 걱정 없는 노후를 위한 전략

1. 아내가 50~100만 원 벌어 보기

자녀가 초등학교 고학년으로 올라가거나 중학생이 되면 그동안 자녀양육을 위해 집 안에만 있던 주부들 중에 새롭게 일자리를 찾아 나서는 사람들이 생긴다. 자녀가 엄마의 도움 없이도 학교생활이 가능해지면서 생긴 여유 시간을 활용해 적은 돈이라도 벌어 가정 재정에 도움이 되고 싶어서다.

실제로 재무 상담을 하다 보면 이런 상황에 있는 여성들로부터 많은 질문을 받게 된다. "어떤 일을 하면 좋을까요?" "어느 정도 벌면 될까요?" "이렇게 번 돈으로 어떻게 저축하고 투자하면 좋을까요?" 등이다. 그들이 궁금해 하는 것은 자신이 일을 시작하게 되면서 발생하는 여러 가지 재무적 변동이다.

이때 나는 무작정 큰돈을 벌겠다는 생각으로 뛰어나가기보다는 파트 타임으로 시작해 50만 원 정도를 벌어 보라고 조언한다. 가정의 필요를 채우면서 본인들이 좋아하는 일을 찾을 때까지 우선 현장에 나가 적은 수입이라도 만들어 보는 경험을 하라는 것이다. 적은 수입이지만 아내에게는 의미가 매우 클 수 있다. 우선 자신의 일을 통해서 재정적인 도움과 함께 성취감을 맛볼 수 있고, 사회에서 다른 사람들을 만나 교류하며 섬길 수 있는 기회를 자연스럽게 만들 수도 있기 때문이다.

단, 이렇게 버는 돈은 무조건 아내의 노후 준비를 위해 저축하라고 권한다. 그게 적금이든 연금이든 상관없다. 저축의 용도를 아내의 노후 통장이라 정하고 따로 관리하기만 하면 되는 것이다. 이렇게 번 돈이 자녀의 사교육비로 들어가는 것을 나는 몹시 경계한다. 힘들게 번 돈이 생활비나 자녀 교육비로 지출돼 버리면 일에 비해 결과가 작게 느껴질 수 있다. 하지만 자신의 노후를 위해 저축한다고 생각하면 아무리 힘들어도 지속적으로 할 수 있는 동기 부여가 된다.

실제로 노후 준비가 부족하다고 찾아오는 중년 여성들에게 상담

중에 좋아하는 일을 하면서 월 50만 원 정도 벌 수 있겠느냐고 물으면 다들 긍정적으로 대답한다. 50만 원 정도는 주부로서 어렵지 않게 벌 수 있기 때문이다. 이렇게 적은 수입이라도 시작해 보는 것이 노후를 생각하면 매우 큰 힘이 된다. 노후에는 적은 수입이라도 큰 도움이 되기 때문이다. 간혹 일을 시작하면서 아내의 잠재적 능력이 발휘되어 뒤늦게 새로운 일을 본격적으로 시작하는 경우도 있다.

어쨌든 주어진 상황 안에서 길을 찾다 보면 본인이 생각지도 못한 길로 하나님이 인도하심을 느낄 때가 있다. 노후라고 해서 손을 놓고 천국 갈 날만을 기다리는 것은 올바른 크리스천의 자세가 아니다. 마지막 순간까지 우리는 주어진 삶 안에서 하나님의 뜻을 구하며 최선을 다해 살아갈 필요가 있는 것이다.

2. 은퇴 5년 전부터 생활비 줄여 나가기

정년퇴직한 지 2년쯤 된 장로님 부부와 재무 상담을 한 적이 있다. 당시 장로님은 퇴직 이전 소득이 월 천만 원이었고 자녀 대학 자금을 제외한 본인들 정기 지출이 월 500만 원이었다. 여기에 1년에 들어가는 비정기 지출까지 포함하면 매월 700만 원 정도가 빠져나갔다. 그런데 퇴직 후 소득이 없다 보니 퇴직금 2억 원 중에서 1억 원 이상을 생활비로 써 버리게 됐다.

갑자기 노후가 불안해진 장로님은 걱정스런 얼굴로 나를 찾아왔다. 몇 개월 동안 상담을 통해 생활비를 줄이고 또 줄였는데도 월

500만 원(1년에 들어가는 비정기 지출 포함, 각종 세금, 자동차 보험료, 경조사, 건강 검진비 등)은 있어야 한다는 결론이 나왔다. 계산상으로는 장로님이 월 300만 원 이상의 급여를 받을 수 있는 새로운 일을 찾아야 하는데 현실적으로는 불가능했다.

그와 비슷한 시기에 정년퇴직을 준비하는 또 다른 집사님의 상담이 있었다. 그 집사님 부부는 재무 상담을 통해 은퇴 시기까지 생활비를 꾸준히 줄여 왔다. 월 소득이 500만 원 정도 되는 집사님은 400만 원 정도 되는 지출을 지난 5년간 매년 10%씩 줄이는 훈련을 한 결과 월 250만 원까지 줄일 수 있었다. 이제 정년퇴직을 하면 월 200만 원으로 생활하는 데 아무런 문제가 없었다.

노후를 준비하는 크리스천이 조심해야 할 것은 아무런 준비나 훈련 없이 노후는 주님이 책임져 주실 거라는 막연한 믿음으로 사는 것이다. 재무 상담을 하다 보면 생각보다 많은 크리스천이 주님이 주신 것에 자족하는 마음 없이 본인의 욕구에 따라 돈을 다 쓰면서도 노후는 주님이 책임져 주실 거라는 이상한 믿음을 갖고 있는 것을 보게 된다. 이런 막연한 낙관론자들은 실제로 고난이 닥치면 쉽게 분노하고 주님을 원망한다.

돈 걱정 없는 노후를 위해서는 소득이 줄거나 끊어지는 퇴직 후 시기를 대비해 퇴직 몇 년 전부터는 적은 생활비로 살아가는 훈련을 해야 한다. 이 과정에서 우리는 돈을 써야 하는 레퍼런스 그룹 (reference group)을 떠나야 할 수도 있고 교회에서 직분을 내려놓거나 후원하던 것들을 끊어야 할 수도 있다. 또한 이전 소득으로 누려

왔던 것을 포기하고 적은 소득에도 넉넉하게 살아가는 훈련이 필요하다.

3. 정년퇴직 후 다시 작은 일이라도 찾기

어느 날 50대 후반 장로님께서 퇴직 후 150만 원 정도가 더 필요하다며 투자 상담을 요청했다. IT 쪽에서 평생 동안 일하신 장로님은 이젠 쉬고 싶은데 쉴 수가 없었다. 매월 150만 원 정도의 노후 생활비가 더 필요했기 때문이다. 나는 매월 150만 원을 만드는 몇 가지 방법을 설명했다. 우선 일시납 연금에 가입해 바로 연금을 받는 것이다. 150만 원을 받기 위해선 3억 원 정도를 가입해야 한다. 두 번째로는 임대 소득을 생각할 수 있다. 세금을 제외하고 1억 원 정도 투자하면 월 40만 원 정도를 받을 수 있다. 결론적으로 말해서 3억 5천만 원 정도는 투자를 해야 월 150만 원을 만들 수 있다. 은행 이자를 생각하면 지금은 10억 원을 예치해도 150만 원이 나오지 않는다.

재무 상담을 통해 나는 장로님께 1년 정도는 퇴직금으로 여행도 다녀오고 취미 생활도 하면서 노후 30년을 어떻게 보낼지 고민해 보라고 조언했다. 그리고 1년 후 다시 상담을 하기로 했다. 좋아하는 일이나 의미 있는 일을 5년에서 10년 정도 하면서 아내인 권사님은 50만 원, 장로님은 100만 원 정도의 수입을 만들어 보는 것이었다.

두 사람은 1년 후 숙제를 해 왔다. 장로님은 노인복지관에서 강의를 통해 월 100만 원의 수입을 만들었고, 권사님은 맞벌이 부부의 아이들을 돌봐 주면서 50만 원의 수입을 만들었다. 장로님 부부는 3~4억 원 투자해서 나오는 수익금 대신 본인들이 좋아하는 일을 통해 150만 원의 수입도 만들고 활력 있고 의미 있는 노년을 보내게 되었다.

4. 퇴직금으로 개인 사업(자영업) 하지 않기

내가 노후 상담을 할 때 가장 강조하는 것 중에 하나는 퇴직금으로 사업을 시작하지 말라는 것이다. 십중팔구는 실패할 확률이 높기 때문이다. 평생 동안 직장인으로 살다가 정년퇴직을 한 후 마땅한 일을 찾지 못해서 치킨집이나 커피숍 등 자영업에 뛰어드는 경우가 많다. 수없이 많은 자영업자들이 폐업하는 것을 보면서도 나는 다를 거라는 막연한 기대로 시작하지만 결과는 거의 비슷하다. 게다가 과로하면서 건강을 잃거나 빚까지 얻는 경우도 있어서 그 결과는 더욱 참담하다.

노후에는 사업 투자보다는 적은 월급을 받더라도 작은 일거리를 찾아서 무조건 일을 하는 것이 좋다. 내가 어떻게 이런 일을 하는가 하는 체면이나 자존심은 안정된 노후를 위해 내려놓는 용기가 필요하다. 특히 크리스천은 바울의 말씀처럼 풍부에 처할 줄도 비천에 처할 줄도 아는 비결을 배우는 것이 순종의 자세다. 주님이 주시는 대로 어떤 상황에서도 감사하며 자족하는 마음이 노후에는 큰 자산이 되기 때문이다.

일거리를 찾지 못했다면 새로운 사업을 일으키기보다는 사회나 이웃에게 도움을 줄 수 있는 일을 찾는 것도 좋다. 주위에 사랑을 흘려보낼 수 있는 일들을 찾아서 하다 보면 새로운 길이 열릴 수도 있기 때문이다. 모든 길을 열어 주시는 분이 이 세상의 주관자이신 하나님임을 믿는다면 훨씬 더 여유를 가질 수 있을 것이다.

노후 걱정 대신 5층 연금 재원 만들기

20대부터 50대까지 급여가 많든 적든 주어진 자리에서 성실하게 일하다 보면 자연스럽게 준비되는 연금 재원이 있다. 국가나 회사가 함께 준비하는 것인데, 모든 것이 만족스럽지는 않지만 그래도 노후에 큰 도움이 된다. 국민연금, 퇴직연금, 개인연금, 주택연금 그리고 마지막 남은 현금. 이렇게 해서 연금의 5층 구조가 만들어진다.

1. 국민연금

국민연금은 노후 생활비의 가장 기초적인 수입원이다. 그러므로 노후 준비를 위해 가장 먼저 준비해 둬야 한다. 일반적인 직장인으로 가정했을 때 퇴직 후 연금은 사람마다 약간의 차이는 있지만 지금의 30~40대라면 70~80만 원을 책정할 수 있다. 여기에 퇴직연금까지 합하면 70~100만 원을 잡을 수 있다. 그보다 더 높은 금액일 수도 있지만 점점 지급 액수가 낮아지는 추세이기 때문에 이 금액을 잡고 준비하는 것이 안전하다.

자영업자는 직장인보다 국민연금에 취약하다. 그러므로 좀 더 많은 금액을 본인 이외에도 아내의 지역 연금으로 가입해 둬야 한다. 국민연금에 부조리한 부분도 있지만 그래도 우리가 평생 일하면서 준비할 수 있는 국민연금이 있다는 것은 다행스런 일이다. 실제로 은퇴 후 국민연금을 받을 때가 되면 감사한 마음이 저절로 생길 것이다. 국민연금으로 노후 생활비의 40~50%가 준비된다면 매우 훌륭한 수준이다.

2. 퇴직연금

개인 사업을 하지 않는 직장인이라면 누구나 퇴직연금에 가입되어 있다. 회사 재무팀이나 경리부서에 물어보면 우리 회사 퇴직연금이 DC형(확정기여형)인지 혹은 DB형(확정급여형)인지 알 수 있다. 이 두 가지 유형 중에 어떤 것이 더 좋은가를 크게 고민할 필요는 없다. 중간에 이직을 해도 퇴직연금은 법적으로 계속 유지된다. 또한 노후에 꼭 필요한 돈은 이렇게 강제성이 있는 곳에 두는 것이 좋다. 퇴직연금 또한 퇴직 후 노후 자금 마련에 큰 도움이 된다. 평균적으로 직장 생활 20년 후 퇴직하면 노후 생활비의 15~20%는 퇴직연금으로 준비할 수 있다.

3. 개인연금

개인연금은 크리스천들에게도 꼭 필요하다. 단지 개인연금이 금융 상품이기 때문에 가입하고 유지되는 과정에서 많은 실수가 있다. 아무리 지인을 통해 가입하고 믿음 좋은 교회 집사님을 통해 가입해도 금융 상품은 꼼꼼히 따져 보고 잘 가입해 유지해야 한다. 또 개인연금은 장기 상품이라서 생각보다 유지하기가 힘들다. 그러므로 얼마를 넣어야 적절한지 실제 노후에 얼마가 나오는지도 염두에 둬야 한다. 당연히 여기엔 물가 상승률도 반영되어야 하므로 개인연금 상품은 매우 어렵다. 무조건 가입한다고 해결되는 것이 아니기 때문이다. 그럼에도 불구하고 몇 가지 원칙을 공부하고 가입한다면 노후 연금 재원에 큰 도움이 되는 것만은 분명하다.

개인연금 가입의 3가지 원칙은 다음과 같다.

첫째, 한 가정에 한 개의 연금만 가입한다.

만약 노후 준비를 잘하고 싶어서 부부가 따로 연금을 가입하고 싶다면 한 개의 연금에 추가 불입이라는 제도를 활용하면 된다. 모든 연금은 불입 금액의 2배까지 수수료 없이 추가 불입이 가능하기 때문이다. 예를 들어 20만 원을 가입하면 20만 원을 제외하고 40만 원까지 수수료 없이 추가 불입이 가능하다. 그래서 '한 가정에 한 연금만 가입하라'고 권유하는 것이다.

둘째, 보통 외벌이 소득(남편 급여)의 10%는 노후 자금으로 투자하는 것이 좋다.

셋째, 저축성 연금보다는 투자형 연금인 변액 보험에 가입하는 것이 좋다.

원금을 보장해 주는 저축성 연금은 실제 20~30년 후 물가 상승률에 대한 대안이 되지 못한다. 연금은 장기 상품이므로 가능하면 투자형 연금으로 가입하라. 이렇게 추가 불입으로 20~30년을 준비하면(월 20~30만 원 기준) 기본 노후 생활비의 30% 이상은 준비가 된다.

4. 주택연금

과거에 부모들은 노후 생활비가 부족해서 쪼들리면서도 마지막 남은 주택만큼은 자녀들에게 물려주고 싶어 했다. 하지만 이제는 대부분 주택연금으로 활용하려고 한다. 주택연금은 노후 연금 재원 마련에 큰 힘이 된다. 앞서 크리스천의 내집마련에서 하나님이 허락하신 범위 내에서 주택 구입을 해야 한다고 언급한 바 있다. 그렇게 평생 내 집을 마련할 수도 있고 못할 수도 있다. 만약 본인의 주택이 있으면 당연히 자녀에게 주택을 남겨 줄 생각을 하지 말고 연금 재원으로 활용하는 것이 좋다.

1억 원을 기준으로 삼으면 월 25만 원 정도의 금액이 평생 동안 지급된다. 배우자가 먼저 사망해도 남겨진 배우자가 살아 있는 동안은 주택연금 신청 당시의 금액을 기준으로 연금이 나오기 때문에 큰 도움이 된다. 60세 이후부터 신청이 가능하지만 될 수 있는 대로 늦은 시기까지 일을 하고 65~70세 이후 일하기 힘든 시기가 왔을 때 신청하는 것이 상대적으로 높은 금액을 받을 수 있어서 유리하다. 만약 대출이 있다면 그 대출을 제외한 금액으로 연금이 책정된다.

5. 현금

퇴직 후 꼭 필요한 것이 현금이다. 국민연금, 퇴직연금, 개인연금, 주택연금 등은 매월 생활비를 위한 소득이라고 보면 된다. 하지만 노후에도 목돈이 들어갈 일들이 얼마든지 생길 수 있다. 갑자기 병이 생겨 병원 치료를 받아야 하거나, 자동차를 구매할 때, 여행을 가고 싶을 때 등에는 목돈이 필요하다.

노후에 목돈이 준비되지 않았는데 신용카드 할부를 통해 구매하는 것은 매우 위험한 일이다. 노후에는 소득이 제한적이기 때문에 절대 빚을 져서 소비하면 안 된다. 특히 나이가 점점 더 들수록 병원 치료비로 돈을 많이 쓰게 되는데 이를 위해서라도 반드시 현금을 확보하는 것이 좋다. 많은 사람들이 퇴직금으로 받은 목돈을 자녀 결혼 비용으로 다 써 버리는 경우가 많다. 하지만 자녀 결혼은 자녀에게 맡기고 마지막 남은 현금은 평생 목돈으로 꼭 가지고 있기를 권한다.

20대부터 60대 퇴직 시기 전까지 주님께서 주신 건강한 몸으로 성실하게 일하면서 준비한다면 우리의 노후는 그리 걱정하지 않아도 된다. 중요한 것은 돈이 아니라 우리의 중심 가운데 계신 주님을 놓지 않는 것이다. 주님은 자녀의 필요한 것들을 아시고 공급해 주시는 분이다. 단지 내가 원하는 방식과 분량이 아닐 뿐이다.

하나님은 당신의 방식으로 우리를 먹이고 입히신다. 다시 한 번 강조하자면 우리의 자세는 주님이 주신 것에 감사하며 자족하는 것이다. 주님께서 허락하신 범위를 벗어나 소비하고 지출하며 빚을 지는 것은 결국 주님께 불순종하는 것이다. 그리고 경제적으로는 빚을 갚기 위한 악순환이 시작된다.

모든 사람에게 적용되지는 않겠지만, 국가와 회사가 제도를 통해 마련해 놓은 것들을 잘 활용하면 노후의 생존 문제는 충분히 해결할 수 있을 것이다. 간혹 연금 10억 원을 마련하지 못하면 우리의 미래가 없다고 말하는 금융 회사가 있다. 그런 헛된 말에 속지 말자. 설사 연금 재원의 5층을 다 마련하지 못했다고 해도 괜찮다. 우리 크리스천에게는 나머지 부분을 채워 주시는 하나님이 계시기 때문이다. 주님 안에서 3층, 2층이라도 지금 준비할 수 있는 것을 최선을 다해 준비한다면 우리의 노후는 충분하다.

돈 걱정 없는 노후를 위해 꼭 짚고 넘어가야 할 것들

1. 아내 뒤만 졸졸 따라다니지 않도록 할 일 만들기

어느 권사님이 노후 상담을 와서 남편 때문에 몹시 괴롭다며 답답한 속내를 털어놨다. 문제는 은퇴 후 아내만 졸졸 따라다니며 스토커가 되다시피 한 남편 때문이었다. 노후에 여성들은 여전히 바쁜 생활을 유지할 수 있다. 교회 모임도 있고 친구들 모임에 취미 생활까지 할 수 있기 때문이다. 하지만 남편들은 다르다. 직장을 그만두고 집에만 있어야 하는 남편에게는 하루가 길기만 하다.

은퇴 후 처음에는 일하러 나가지도 않고 집에서 노는 것이 편하게 느껴지지만 시간이 흐를수록 괴로운 시간으로 변한다. 대인관계의 폭도 좁아지고 혼자 고립된 상황에 놓일 가능성이 크다. 취미 생활도 대부분 돈이 있어야 가능한 것들이어서 할 수 없고, 결국엔 아내만 졸졸 따라다니게 되는 것이다.

그러므로 남자들은 은퇴 이후 긴 시간을 누구와 어떻게 보낼 것인지 진지하게 고민해야 한다. 가능하면 은퇴하기 몇 년 전부터 차근차근 준비하는 것이 좋다. 교회에서 봉사 모임에 참석한다든지 많은 비용이 필요하지 않은 취미 생활을 찾아서 실행한다든지 하면서 30년이 넘을지도 모르는 노후 시간을 어떻게 보낼지 충분히 고민하고 준비해야 한다.

2. 실손의료보험 꼭 가입하기

나의 부모님은 70대 중반이신데 어머니는 실손의료보험에 가입되어 있어서 병원에 가셔도 의료비 부담이 없다. 하지만 아버지는 병원에 가시면 모든 비용을 본인이 지불해야 한다. 그래서 노년에 실손의료보험이 없는 사람들은 평생 의료비 지출에 대한 부담이 매우 크다. 암 보험, 성인병 등 2대 질병에 대한 진단비도 필요하지만 더 중요한 것이 실손의료보험이다. 은퇴 후 여기저기서 연금을 받아 한 달씩 먹고살아야 하는데 예상치 못한 병원 치료비가 노후의 삶을 비참하게 만들 가능성이 크기 때문이다.

단독 실손의료보험료는 40대 중반 기준으로 2만 원대이고 50대가 되어도 4만 원을 넘지 않는다. 은퇴 이전 건강이 유지되고 있을 때 반드시 저렴한 단독 실손의료보험을 가입하고 노후를 맞이하자.

3. 어디서 살 것인가 정하기

50대 공무원 집사님 부부가 재무 상담을 하면서 마지막엔 어디서 살 것인가에 대해 함께 고민을 나누었다. 그 집사님 부부는 동대문 쪽에 신규 분양하는 아파트 40평대를 구입하길 원하셨다. 직장과도 가깝고 자녀들이 결혼하고도 찾아오기 쉽다는 것이 이유였다. 물론 재테크 측면에서 투자 가치도 있다고 했다. 남편은 3년, 아내는 5년 후 은퇴하고 나면 직장이 있는 광화문 쪽으로 출근할 일이 없는데도 지금 그 지역이 좋은가에 대해서 나는 질문했다. 집사님 부부는 은퇴하고 나면 그 지역에 살아야 할 이유가 없다는 것을 깨달았다. 오히려 조용한 곳을 좋아하는 부부의 성향과 맞지 않는다고 했다.

대부분 50대에는 직장이나 자녀 교육으로 인해 특정 지역에 살고 있을 가능성이 많다. 하지만 '이제 자녀도 결혼해서 떠났고, 더 이상 남편이 직장에 다니지 않는데도 현재 살고 있는 그 집과 동네가 노후의 삶을 위해 최선인가?' 진지하게 고민해 봐야 한다. 그 공무원 부부는 6개월 동안 노후에 어디서 살 것인가를 고민하면서 여러 동네를 탐문해 본 결과 현재 덕소와 강변 미사지구 정도에서 노년을 보내기로 의견을 모았다. 이때 크리스천이라면 섬기는 교회나 만나는 친구들과의 커뮤니티도 생각해야 한다. 아무 생각 없이 지금 살고 있는 곳에서 노년을 보내기보다는 부부에게 가장 적합한 곳을 기도하며 찾는 것이 무엇보다 중요하다.

나의 삶 돌아보기

Q 주변에 크리스천이면서 비참하게 살다가 돌아가신 분이 있습니까? 그 분을 보면서 어떤 생각이 들었습니까? 하나님께서 그를 돌보지 않으셨다고 생각합니까? 가난하지만 행복한 노후가 있다고 생각합니까?

Q 당신이 생각하는 아름다운 노후는 어떤 모습입니까? 주변에 크리스천으로서 행복한 노후를 보내고 있는 사람이 있습니까? 있다면 어떤 면이 좋아 보입니까? 그분에게서 배울 점은 무엇입니까?

Q 당신은 노후에 생활비를 얼마까지 줄여서 살 수 있습니까? 노후에 적은 돈이라도 벌 수 있는 일이 있다면 어떤 일이 있을까요?

Q 노후에 부부가 함께 시간을 보낼 수 있는 취미나 좋아하는 일이 있습니까? 노후에 함께 마음을 나눌 믿음의 지체나 공동체가 있습니까? 만약 없다면 이유는 무엇입니까?

Q 천국에 가기 전에 자녀에게 꼭 물려주고 싶은 것이 있다면 어떤 것이 있습니까?

Q 노후에 살 곳을 정한다면 어디로 정하고 싶습니까? 그 이유는 무엇입니까?

---

5 원칙을 세우면
   돈 걱정 없다

원칙 1. 내 삶의 주인을 정한다

돈 걱정 없는 크리스천으로 살기 위해 가장 먼저 해야 할 일은 내 삶의 주인이 누구인지를 분명히 정립하는 일이다. 내 삶의 주인이 나라고 생각한다면 아무리 그 위에 올바로 예산을 세우고 저축을 한다고 해도 사상누각에 불과하다.

또 하나님보다 돈을 주인으로 삼는다면 돈 걱정으로부터 놓여날 수 없다. 도리어 돈의 노예로 살게 된다. 오직 나의 모든 권한을 하나님께 올려 드렸을 때에만 나는 하나님께 의지해서 아무런 걱정 없이 이 세상을 살아갈 수 있기 때문이다. 돈 걱정을 없애기 위해서 아무리 많은 돈을 벌었다고 해도 하루아침에 하나님이 그 생명을 거둬 가시면 모든 것이 수포로 돌아간다.

그 외에도 이 세상에는 모아 놓은 돈을 잃을 수 있는 변수들이 수두룩하다. 그렇기 때문에 돈을 많이 가진 사람은 그 돈을 지키기 위해 밤잠 못 자고 걱정하는 것이다. 하나님의 도움 없이는 사실 내가 벌어 놓은 돈을 지키는 것도 힘겨운 싸움이다.

내 삶의 주인을 하나님으로 정하고 나면 소유권도 명확해진다. 나는 주인의 청지기로 사는 것이니 나의 모든 것은 주인의 소유가 된다. 청지기는 주인의 뜻을 잘 알고 순종해야 한다. 그러기 위해서는 예배와 기도와 말씀 중심의 삶을 살아야 한다. 주인을 바라보지 않고 주인의 뜻을 알 수는 없기 때문이다. 그러므로 크리스천은 늘 주님과 소통하는 삶을 살아야 한다. 나의 것은 아무것도 없으므로 내가 지금 누리고 사는 모든 것은 감사의 대상이 된다. 주인이신 하나님이 내게 허락하고 베풀어 주신 것이기 때문이다. 집을 주신 것도, 자동차를 주신 것도, 자녀를 주신 것도 다 감사할 수밖에 없다.

고난이 닥쳤을 때는 주인의 깊은 뜻을 헤아리며 순종하는 마음으로 살아가야 한다. 내가 주인이라고 생각하면 교만한 마음으로 남들은 멀쩡하게 사는데 왜 나만 이런 고통을 겪는지 억울하고 화가 날 수 있다. 하지만 청지기로 살면 모든 것을 겸허히 받아들일 수 있다. 그리고 주인으로부터 도움의 손길을 애타게 간구하며 기다리게 된다. 내가 할 수 있는 것이 아무것도 없으니 겸손히 엎드려 모든 것을 주인의 뜻에 맡기는 것이다. 그것은 예수님의 친구가 되는 길이기도 하다.

예수님은 그 당시 기득권층이던 바리새인들이 아니라 멸시당하고 천대받는 세리나 창녀들을 친구로 여기셨다. 내가 고난을 주님의 힘으로 이겨 내는 만큼 내 안에 주인이신 주님의 자리는 더욱 넓어질 것이다. 사실 돈 걱정 없는 크리스천으로 살기 위해서는 이

것 하나면 충분하다. 나머지는 그저 도구일 뿐이다.

원칙 2. 예산 세우기와 자족으로 빚지지 않는다

돈 관리의 기본 원칙은 버는 것보다 적게 쓰는 것이다. 그러므로 돈에 대한 모든 출발은 예산 세우기와 자족이다. 어떤 직장에서든 자신이 지금 받는 월급에 만족하고 그 안에서 예산을 세워 살아 내는 것은 모든 경제권을 하나님께 맡기고 순종하는 행위다.

크리스천으로서 자족이 안 된다는 것은 하나님을 인정하지 않는 것이다. 자족은 곧 감사다. 하나님이 주신 것에 만족하고 감사하는 마음이 있어야 자족할 수 있기 때문이다. 나의 삶에 자족이 안 되고 불만이 쏟아져 나온다면, 그것은 내가 하나님보다 위에 있다는 의미다. 그래서 하나님이 주실 때를 기다리지 못하고 먼저 나의 방법으로 무리하게 돈을 융통해서 쓰는 것이다.

빚을 내는 것도 같은 의미다. 나의 미래를 담보로 잡히면서 돈을 빌린다는 것은 곧 돈을 주인으로 섬긴다는 뜻이다. 아무리 내가 하나님을 따르고 싶어도 이미 다른 주인의 쇠사슬에 발목이 잡혀 있다면 하나님을 주인으로 섬길 수 없다. 그러므로 지금 빚이 있다면 어떻게 해서든 그 빚을 없애기 위해 최선의 노력을 기울여야 한다. 열심히 절약하고 일해서 빚을 없애는 노력과 함께 자족하지 못한 자신의 죄를 회개하고 하나님 앞에 엎드려야 한다. 그리고 더욱더 말씀으로 자신의 삶을 채워서 하나님이 일하시도록 해야 한다.

원칙 3. 이웃 사랑 통장으로 저축하고 나눈다

아무리 돈이 많아도 남과 나누는 데 인색한 사람이 있고, 돈이 없고 가난해도 남과 넉넉하게 나누는 사람이 있다. 즉 나누는 삶은 돈이 많고 적고의 차이가 아니라는 것이다. 남과 나눌 때 없는 돈을 억지로 만들어서 베푸는 것은 쉬운 일이 아니다.

그러므로 평소에 조금씩 나눔 통장이나 봉투를 만들어서 돈을 모으는 것이 좋은 방법이다. 그 돈의 용도는 오로지 나누는 용도로만 사용한다는 암묵적인 약속이 만들어지기 때문에 실제로 내 지갑이 얄팍해도 봉투 안에 있는 돈으로 넉넉히 이웃에게 나눌 수 있다. 이렇게 용도를 구분 지어서 사용하는 것은 돈을 잘 사용하는 방법으로서 매우 의미 있고 유용하다.

어릴 적 친척집에 가서 사촌형들과 어울려 놀던 좋은 추억들 때문인지 나(데이비드 서)는 집에 사람들이 오는 것을 좋아한다. 예전에 한양대학교에서 학생들을 가르칠 때 제자들이 상담을 신청하면 집으로 불러서 이야기를 나누곤 했다. 나는 학기가 끝날 때마다 마지막 수업 시간에 학생들로부터 멘토링 신청을 받았다. 그래서 인터뷰를 거쳐서 나의 라이프멘티 그룹의 회원으로 받았다. 그 학생들이 지금까지 10명이 넘는다.

내가 해 줄 수 있는 것은 제자들이 고민이 있거나 인생의 큰 문제에 부딪혔을 때 들어주고 코칭해 주는 일이다. 오래전에 정 선생님께 받은 은혜를 되갚는 것이다. 그중에 한두 명은 나에게 꾸준히 신앙 상담을 받아서 착실하게 신앙생활을 하고 있다.

손님들이 집에 오는 횟수가 늘어나면서 나는 손님 접대용 저금통을 만들었다. 저금통에 돈이 가득 쌓이면 마음이 든든했고 손님을 청하고 싶은 마음이 저절로 생겼다. 처음엔 저금통이었지만 나중엔 좀 더 사용하기 쉽게 하기 위해 통장으로 바꿨다. 그리고 용도도 집에 손님이 왔을 때 사용하는 것에서 점점 범위를 넓혀서 이웃들에게 식사 대접을 하는 용도로까지 발전시켰다.

다만 통장의 돈을 사용할 때는 약간의 규칙이 있었다. 식사를 대접하는 대상이 우리보다 가난하고 어려운 사람이어야 한다는 것이다. 우리보다 경제적으로 여유 있는 사람들에게 밥을 살 때는 내 주머닛돈을 써야 한다. 이런 규칙을 정한 것은 이 돈이 사교 모임 용도로 쉽게 사용되지 않게 하기 위해서였다. 그리고 이 통장을 우리 부부가 하나님의 심부름꾼으로 쓰임 받는 용도로 사용하고 싶어서였다.

주위의 이웃이 일이 안 풀려서 마음이 우울하거나 부부 싸움을 했다는 정보를 듣게 되면 우리는 기쁘고 넉넉한 마음으로 맛있는 밥을 사 주겠다며 달려갈 수 있게 됐다. 아내는 이웃사랑 통장을 몹시 좋아하며 잘 사용했다. 이웃사랑 통장을 사용해서 이웃에게 대접하면 마음이 부자가 된 것 같다며 즐거워했다. 아내는 대접을 하면서도 동시에 대접을 받는 느낌을 갖는다고 했다. 그래서 나누는 사람으로서 생색을 내지 않게 되었다. 그저 상대방과 더불어 좋은 시간을 보낼 수 있었던 것에 진심으로 감사할 따름이었다.

이것이 하나님 앞에서 돈을 쓰는 우리 크리스천의 자세라고 나는 생각한다. 우리가 쓰는 돈의 원천이 모두 하나님으로부터 흘러왔음을 인정하게 되기 때문이다. 그러면 자기 의의 유혹도 거뜬히 이겨 낼 수 있을 것이다.

원칙 4. 정직하고 성실하게 일한다

크리스천으로서 정직하게 사는 것은 굳이 언급할 필요도 없는 기본 덕목이다. 하지만 많은 크리스천들이 정직하게 살지 못하는 현실을 볼 때 그것을 실천하며 사는 것이 그리 쉽지 않은 것 같다. 기본적으로 돈 걱정 없이 살기 위해서는 열심히 일해서 돈을 벌어야 한다. 그때 정직하게 일해서 땀 흘린 산물을 기대하는 것이 불로소득을 기대하는 것보다 성경적이다.

정직하게 살면 저절로 성실해질 수밖에 없다. 업무 중에 온라인 주식 투자를 하느라 상사의 눈치를 살피지 않아도 되고, 게임을 하느라 부모의 눈치를 살피지 않아도 된다. 하나님을 주인으로 섬긴다면 우리는 정직하게 살 수밖에 없다. 하나님은 사람이 보지 못하는 마음속까지도 아시는 분이기 때문이다. 그래서 하나님은 우리의 중심을 원하시는 것이다.

눈에 보이는 행위가 아니라 하나님을 향한 순전한 마음가짐이 바로 중심이다. 일에 대해서도 마찬가지다. 아무도 보지 않는다고 해도 정직하게 일할 수 있는 것은 크리스천이 누릴 수 있는 또 다른 자유라고 나는 생각한다. 도저히 정직할 수 없는 상황을 믿음으로 이겨 내어 정직할 수 있는 것은 그만큼 하나님이 일하실 수 있도록 영역을 내어 드리는 행위이며, 동시에 세상을 향한 믿음의 선포이기도 하다.

우리(김의수) 부부가 어린 희은이를 데리고 13평 주공 아파트에서 살 때였다. 하루 종일 내가 아무리 열심히 일해도 딸 희은이의 물리 치료비로 적지 않은 돈이 들어갔기에 우리 가족은 말 그대로 겨우 입에 풀칠만 하며 살았다. 그러던 중 아내가 둘째 민수를 임신했다. 나는 아내의 임신 소식을 듣고 기쁘기보다는 머릿속이 하얘졌다. 지금도 힘든데 앞으로 감당해야 할 식구가 하나 더 늘어날 것을 생각하니 까마득해졌다. '하나님, 이제 저는 어떻게 해야 합니까?' 하는 탄식이 저절로 나왔다.

지금 생각하면 딸 민수에게 미안할 만큼 나는 신앙적으로 주님을 전적으로 신뢰하지 못하는 부족한 아빠였다. 막상 민수가 태어날 때가 되자 나에게는 장애에 대한 두려움이 몰려왔다. 그래서 아기가 태어나자마자 얼른 아기의 손발부터 확인했다. 다행히 민수는 건강했고, 가난 속에서도 무럭무럭 잘 자라 주었다.

그러던 어느 날 목사님의 설교를 듣던 중 나는 마음에 깊은 찔림을 받았다. 목사님의 그날 말씀은 부정한 돈, 착취한 돈, 다른 사람의 눈물을 흘리게 한 돈으로 십일조를 가져오지 말라는 내용이었다. 하나님이 가난하신 분도 아닌데 많이 드린다고 좋은 것만은 아니며, 만들어진 과정에서부터 부정하지 않은 깨끗한 돈으로 헌금을 해야 한다는 가르침이었다.

부정한 돈이라는 대목에서 그 당시 아내가 벌고 있는 80만 원이 내게 찔림을 주었다. 약사였던 아내는 부산에서 선배의 회사로 일주일에 두 번 출근을 해서 80만 원을 받았다. 외국에서 약이 들어오면 분류하고 정리하는 일이었다. 하지만 우리가 서울로 이사를 하면서 그 일을 더 이상 할 수 없게 됐다. 아내의 선배는 우리의 딱한 형편을 알고 있었기에 아내의 약사 면허증을 빌리는 조건으로 매월 80만 원을 송금해 주겠다고 했다. 형식상으로는 면허증을 빌리는 것이었지만 실상은 우리를 도와주는 것이었다.

돈 한 푼이 아쉬웠던 그 당시 우리 형편으로는 그야말로 하나님의 도우심이었다. 가난한 우리에게 80만 원은 엄청나게 큰돈이었다. 하지만 나는 한 달 동안 그 이야기를 아내에게 감히 꺼내지 못했다. 아내도 분명히 나와 같은 찔림이 있었을 텐데 애써 무시하는 것 같았다. 나는 속으로 '아니야, 우리 이야기가 아니야' 하고 고개를 절레절레 흔들었다. 그 돈이 불법적인 돈이라고 선뜻 인정하기에는 나의 삶이 너무 가난하고 허기졌다. 게다가 그 돈 80만 원은 희은이의 물리 치료비와 약값으로 들어가고 있었기에 도저히 포기할 수가 없었다. 설사 그 돈이 불법적인 돈이라고 해도 누가 우리에게 돌을 던지겠는가 하며 스스로 위안했다.

하지만 기도할 때마다 마음이 무거워지는 것은 어쩔 수 없었다. 시간이 흐를수록 그 부담감은 커져 갔고, 끝내 나는 아내에게 내 마음의 짐을 꺼내 놓고야 말았다. 예상했던 대로 아내도 나와 똑같이 그 일로 시달리고 있었다. 우리는 목사님께 사실대로 말씀드리고 답을 얻기로 했다. 우리의 사정을 누구보다 잘 아시는 목사님께서 설마 우리에게 그 돈을 포기하라고 하실까 하는 마음과 함께 목사님께 그 짐을 떠넘기고 싶었던 것이다. 우리의 이야기를 다 듣고 난 목사님은 참으로 지혜로운 답변을 주셨다.

"성령님께서 두 분께 주시는 마음이 있을 겁니다. 어떤 것이든 스스로 정죄하는 마음을 갖지 말고 그대로 행하세요."

목사님의 답변은 지혜로웠지만, 나는 몹시 괴롭고 실망스러웠다. 그냥 간단하게 부담감을 걷어 주시면 좋으련만 다시 공은 내게로 넘어온 것이다. 나는 속으로 목사님은 매월 꼬박꼬박 월급이 나오시니 가난한 성도의 삶을 너무 모르신다고 서운해 했다. 하지만 그 마음은 목사님께 괜한 투정을 하고 싶어서 어깃장을 부리는 것이었다. 사실 김서택 목사님은 여섯 가정이 모여서 개척교회로 목회를 시작한 뒤 2년 동안 급여가 없이 살면서 하나님이 먹이시는 걸 누구보다 깊이 경험한 분이었다. 그러니 교인들의 어려움에 누구보다 깊이 공감하는 분이었다. 그랬기에 우리 상황에 가장 알맞은 답을 주실 수 있었던 것이다.

우리 부부는 그 문제를 놓고 간절히 기도했다. 그리고 결론을 내렸다. 80만 원을 포기하기로! 당시 우리로선 팔 하나를 자르는 것 같은 어마어마한 결단이었다. 그렇다고 내 믿음이 산처럼 높아서 할 수 있었던 것은 아니었다. 여전히 앞으로 감당해야 할 일들을 생각하면 두려웠지만, 주님 앞에 작은 믿음을 내어 드리기로 선택한 것이다. 당장 희은이 물리 치료비가 끊어진 상황에서 우리는 조용히 하나님이 하시는 일을 지켜보기로 했다.

며칠 후 사회복지사가 우리 집에 찾아왔다. 내가 일하던 구몬 수학 국장님이 추천해서 왔다고 했다. 보통 전단지를 돌리다 보면 남는 분량이 생기는데 많은 사람들이 버리는 경우가 많았다. 하지만 나는 아무리 피곤해도 끝까지 돌리고 마무리했다. 가끔 전단지를 돌리다가 경비원 아저씨한테 붙잡혀서 곤욕을 치르기도 했지만, 작은 일에서부터 성실하게 최선을 다하는 것이 나의 기본적인 삶의 자세였다.

사회복지사는 우리 집 안의 사정을 꼼꼼하게 물어보고 적더니 얼마 후 우리 가정이 생활 보호 대상자 1종, 희은이가 의료 보호 대상자 2종이 됐다는 결과를 알려 왔다. 놀랍게도 그때부터 희은이의 병원비가 무료가 됐다. 나라에서 받은 돈으로 희은이 물리 치료는 물론 약값까지 충당하고도 13만 원이 남았다. 하나님이 베풀어 주신 놀라운 기적이었다. 우리 부부는 눈물을 흘리며 하나님께 감사했다. 우리의 문제를 혼자서 고민하지 않고 내어 놓고 도움을 구할 수 있는 공동체가 있다는 것이 감사했다.

하나님이 작은 믿음에도 응답하시고 함께하신다는 신앙적 체험은 우리로 하여금 더욱 담대하게 세상을 살아갈 수 있게 해 주었다. 그 후 나는 컴퓨터 강사 일을 하게 되면서 수입이 좀 더 늘어나게 됐다. 나는 그 사실을 동사무소에 알렸고, 그때부터 더 이상 13만 원은 나오지 않았다.

6 실천!
돈 걱정 없는 재무 시스템

매월 쪼들리는 우리들

내 딸 민수는 매월 1일 엄마한테 한 달 용돈으로 현금 5만 원을 받는다. 그런데 25일쯤 되면 용돈이 떨어져서 엄마한테 가불을 해 달라고 한다. 다음 달 용돈을 받기 일주일 전에 돈이 바닥난 것이다. 왜 가불이 필요하냐고 물어보면 친구에게 빌린 돈을 갚아야 한다고 한다. 민수가 2만 원을 가불해 가면 일주일 후 용돈은 5만 원이 아니라 3만 원이 된다.

그럼 민수는 그 3만 원으로 또 한 달을 견디지 못하고 다시 친구들한테 돈을 빌리거나 엄마한테 가불을 해야 하는 악순환의 고리에 들어가게 된다. 한번 꼬여 버린 용돈 관리는 엉망이 되어 매월 용돈 받는 날이 감사하고 기쁜 날이 아니라 받은 용돈으로 어떻게 한 달을 살아야 할지 한숨부터 나오는 날이 되어 버린다.

이렇게 딸 민수의 용돈은 늘 부족하게 되고 시간이 지날수록 더욱 쪼들리는 삶을 살게 된다. 결국 보다 못한 내가 민수를 불러서 친구들에게 빌린 금액이 모두 얼마인지 물어보았다. 놀랍게도 10만 원 가까이 된다고 했다. 나는 민수에게 앞으로는 무조건 용돈 5만 원 안에서 지출하고 친구들에게 절대로 돈을 빌리지 않기로 약속을 받은 후 민수의 빚을 갚아 주었다.

교회에서 재정 강의를 할 때 나는 빚지지 않는 재무 시스템을 소개한다. 이때 급여 관리 부분을 꼭 민수 이야기로 시작한다. 사실 내 딸 민수는 용돈 관리를 잘하는 편이라서 가불을 한 적이 없다. 민수의 가불 이야기는 우리의 돈 관리가 이런 식으로 꼬이기 시작한다는 것을 설명하기 위해 내가 만든 예화다. 사람들이 이 이야기를 통해 자신들의 월급이 월급날마다 사라지는 이유를 쉽게 이해하는 것 같아서 계속 사용하고 있다.

그럼 우리의 실상에 대입해서 한번 생각해 보자. 월급날 통장에 급여가 들어오면 어떤 일이 벌어지는가? 민수에게 용돈 받는 날이 감사하고 기쁜 날이 되지 못하는 건 용돈을 받아도 빌린 돈을 갚고 나면 남는 게 별로 없기 때문이다. 그래서 용돈을 주는 부모에게 감사함이 별로 생기지 않는다. 마찬가지로 하나님은 우리에게 매월 수입을 얻게 해 주신다. 물론 성도들마다 많고 적음의 차이는 있겠지만, 공급해 주시는 분이 하나님이신 것은 동일하다.

하나님으로부터 공급 받은 한 달 급여로 우리는 한 달을 살지 못한다. 이미 지난달 돈이 부족해서 신용카드로 지출을 했기 때문이다. 그래서 신용카드 결제액이 빠져나가고 나면 월급은 온데간데없이 사라지고 만다. 그리고 다시 신용카드로 살기 시작한다. 이렇게 시작된 신용카드 빚은 자동차 할부금, 전세 자금 대출, 아파트 담보 대출, 그리고 자녀 학자금 대출 등으로 계속 이어진다. 평생 빚을 지는 할부 인생을 사는 것이다.

단기부채부터 갚는다

돈 걱정 없는 재무 관리의 시작은 단기부채부터 없애는 것이다. 단기부채는 1년 혹은 2년 안에 낸 대출을 말한다. 주로 지난달 사용했던 신용카드 금액이나 무이자 할부로 구매해서 남아 있는 금액 등이 여기에 속한다. 전세 자금 대출이나 학자금 대출, 아파트 담보 대출을 갚는 것은 따로 '대출상환 플래닝'이 필요하다.

일단 여기서 강조하는 것은 신용카드를 통해 먼저 지출하고 나중에 결제하는 소비 패턴을 바꾸자는 것이다. 민수가 친구들에게 빌린 돈을 한 번에 갚지 않고 또 가불하고 빌려서 쓰는 것과 마찬가지다. 그래서 돈 걱정 없는 크리스천으로 살아가겠다고 다짐을 하고 나서 가장 먼저 실행해야 하는 것이 단기부채를 갚는 것이다. 늘 돈이 부족해서 카드를 사용하는데 돈이 어디 있어서 단기부채를 다 갚느냐고 반문하는 사람들도 있다. 과다한 빚에 눌려 개인회생이나 워크아웃을 통해 구제금융을 받아야 하는 경우가 아니라면 신용카드를 사용하면서도 저축을 하는 사람들이 많다. 신용카드를 쓴다고 돈이 없는 것이 아니기 때문이다.

예를 들어 정기적금이나 예금 등 가정에 예금성 자산이 있다면 이것을 해지해서라도 단기부채부터 먼저 갚으라는 것이다. 저축은 돈 걱정 없는 재무 관리 시스템을 만들고 나서 다시 시작해도 늦지 않다. 간혹 이자가 아깝다는 사람도 있지만 이자 몇 푼보다 더 중요한 것이 빚지지 않는 재무 관리 시스템을 지금 당장 만들어서 시작하는 것이다.

신용카드를 없앤다

	거래일자	거래내용	거래금액
남편	4/5	퇴근길 주유	60,000
	4/6	점심식사	8,000
		친구랑 저녁식사	35,000
	4/7	점심식사	7,000
		아이 장난감	24,000
	4/8	아내 심부름(마트 장보기)	154,000
	4/9	가족 외식	75,000
	4/10	야식(피자)	23,000

위 표는 일주일 동안 사용한 어느 집사님의 카드 사용 내역이다. 일주일 사용 내역을 이렇게 표로 만들어 보면 그 용도를 구분할 수 있겠지만 이렇게 신용카드로 결제하게 되면 누가 어떤 용도로 지출했는지 그 사용처를 구분하기 어렵다. 결국 가족 구성원 모두 '내가 쓴 돈이 아니다'라고 생각하게 된다. 돈 관리 시스템을 만들 때 신용카드를 계속 사용하는 사람들은 몇 개월도 안 돼서 이 훈련을 포기하고 만다. 이유는 신용카드를 쓰면서 지출을 통제하는 것이 매우 힘들기 때문이다.

물론 간혹 신용카드 한도를 정해 놓고 단 100원도 초과되지 않게 현금처럼 예산 범위 내에서 사용하는 사람들이 있긴 하지만 극히 드물다. 그러므로 이 선순환 시스템을 만들 때 나는 가장 먼저 신용카드를 없애고 체크카드를 쓰도록 권유한다. 체크카드는 돈이 없으면 지출이 되지 않기 때문이다.

체크카드를 사용하는 것은 하나님이 주신 범위 안에서 사용한다는 암묵적인 약속의 의미가 포함되어 있다. 하지만 신용카드는 하나님이 허락하지 않으셔도 무언가를 내 것으로 만들 수 있다. 그러면 평생 할부 인생을 살게 된다. 신용카드가 주는 마일리지 등 편리함이 있긴 하지만 소소하게 얻는 것보다는 크게 잃는 것이 많다는 것을 기억해야 한다.

정 허전하다면 신용카드는 만약을 대비해서 한 가정에 한 개 정도만 가지고 있되, 소지하고 다니지는 말자. 재정 훈련을 받으러 오

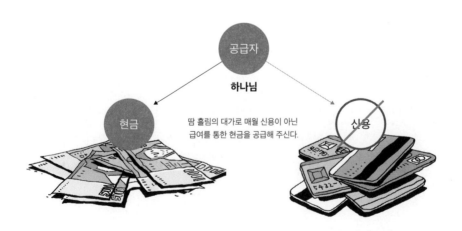

공급자
하나님
땀 흘림의 대가로 매월 신용이 아닌 급여를 통한 현금을 공급해 주신다.
현금
신용

는 많은 분들 중에 실제로 돈 관리 시스템을 만들면서 제일 신기해하고 기뻐하는 것은 신용카드 없이도 살 수 있다는 것이다. 분명히 이전과 비슷하게 소비하는 것 같은데 1년 전보다 더 많은 돈을 저축한 결과를 보며 많은 사람들이 놀라는 것은 시스템의 힘 때문이다. 크게 달라진 건 없지만, 돈 관리 시스템을 만들어 놓고 신용카드를 사용하지 않는 것만으로도 거짓말처럼 돈이 모이게 되기 때문이다.

돈 관리 시스템을 구축한다

우리는 살면서 차량 구입, 내집마련, 자녀 교육비, 노후 자금 등 써야 할 돈이 있다. 그런데 대부분 수입이 필요를 따라가지 못하는 현실 속에서 살고 있다. 이 갭을 어떻게 메울 것인가 하는 문제가 결국 재무관리의 핵심이다.

이 갭을 메우기 위해 우선 세상이 정해 놓은 기준에 따라가지 않고 하나님이 허락하신 범위 안에서 참조 틀을 낮추는 것이 필요하다. 그리고 하나님이 각자에서 주신 소명 의식에 따라 땀 흘려 일한다. 주신 돈으로 계획성 있는 지출 관리를 한다. 불필요한 지출을 최소화하면서 생긴 기회비용을 투자함으로써 목돈을 만들 수도 있다. 욕구를 100% 만족시킬 수는 없지만 살면서 꼭 필요한 돈을 준비할 수 있다. 부부가 주님 안에서 자족하며 감사하는 마음으로 살면 행복지수가 올라갈 것이다. 매월 받는 월급으로 어떻게 지출을 관리하고 기회비용을 만들 수 있는지 구체적인 원칙을 소개한다.

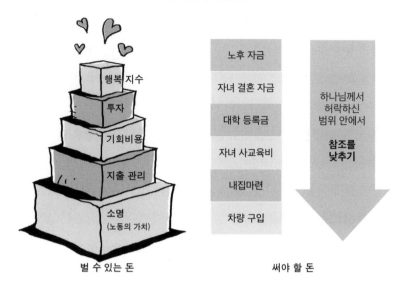

가정 경제의 희망찾기

행복지수	노후 자금
투자	자녀 결혼 자금
기회비용	대학 등록금
지출 관리	자녀 사교육비
소명 (노동의 가치)	내집마련
	차량 구입

하나님께서 허락하신 범위 안에서 **참조를 낮추기**

벌 수 있는 돈　　　　　써야 할 돈

1. 지출 통장을 나누고 체크카드를 사용한다

부산에 가면 해운대와 광안리 해변을 연결하는 광안대교가 있다. 광안대교의 긴 직선 구간에 급커브 구간이 있는데 사고가 나면 대형사고로 이어지기 일쑤였다. 2014년 감속 운전을 유도하기 위해 4차선 도로 가운데에 빨간 도료로 굵은 선을 그었다. 빨간 선을 따라가는 심리를 이용하면 차선 변경을 줄일 수 있다는 판단을 한 것이다. 그렇게 시스템을 만들어 놓으니 광안대교 위 교통사고율이 30%나 줄어들었다. 이것이 바로 시스템의 힘이다. 작은 변화인 것처럼 보이지만 결과를 놓고 보면 결코 작지 않다. 마찬가지로 돈 관리 시스템을 만들어 놓고 지출하면 그렇게 하지 않은 사람보다

재무 시스템 구축

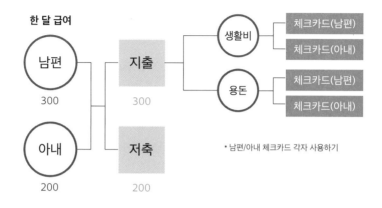

한 달 급여

남편 300
아내 200

지출 300
저축 200

생활비 → 체크카드(남편), 체크카드(아내)
용돈 → 체크카드(남편), 체크카드(아내)

• 남편/아내 체크카드 각자 사용하기

월 저축력이 높아지는 결과가 나타난다.

앞서 '결혼' 편에서도 언급했듯이, 우선 결혼한 부부가 맞벌이라면 무조건 통장을 합치는 것이 중요하다. 예를 들어 남편의 수입이 300만 원, 아내가 200만 원이라고 하면 남편 돈으로 생활하고 아내돈으로 저축하는 식으로 돈 관리를 하는 부부가 적지 않다. 하지만 이런 식으로 가계를 운영하면 돈이 관리되지 않는다. 남편과 아내의 소득을 하나로 통합해 봐야 수입과 지출이 명확해진다. 이 가정의 경우는 소득이 합해서 500만 원이다. 다음에 정할 것이 저축 목표나 저축 금액이다. 만약 200만 원을 저축한다고 하면 나머지 300만 원을 지출하게 되는데 여기서 중요한 것이 지출 통장을 나누는 것이다. 지출 통장 나누기는 아주 간단하다. 대부분 가정의 경우 지출은 1. 생활비, 2. 부부 용돈, 3. 자녀 교육비 정도다.

300만 원으로 지출 예산을 세운 후 생활비와 용돈으로 지출 통장을 나눈다. 여기서 중요한 것이 생활비 통장에서 자동이체가 되도록 바꾸는 것이다. 이전까지는 월급날에 부부 신용카드 결제액뿐만 아니라 통신비, 관리비, 보험료 등 지출한 돈이 여기저기서 자동이체로 인출됐다면 그것을 모두 생활비 예산으로 잡고 오직 생활비 통장에서 자동이체가 되도록 시스템을 만드는 것이다.

그리고 생활비 통장 하나에 체크카드를 2개 만든다. 체크카드는 부부가 하나씩 가지고 생활비 관련해서 지출할 일이 있으면 사용한다. 또 부부 용돈 통장은 따로 체크카드를 만들어 본인들의 활동 경비(출근해서 집 밖에서 사용하는 경비)와 교통비를 이 용돈 통장에서 사용하면 된다. 자녀 교육비 통장도 마찬가지다. 월급날 자녀 교육비 통장에 예산대로 돈을 보내고 모든 통장은 예산 범위 내에서 사용하면 된다. 이렇게 할 때 신용카드를 사용하면 통제가 어려워 체크카드를 사용하는 게 좋다.

2. 가계부보다는 예산을 세우고 통제한다

어느 집사님이 가계부를 10년 사용했는데도 어찌된 일인지 돈이 모이지 않는다고 상담을 요청했다. 상담을 하면서 발견한 것은 꼼꼼하게 가계부를 적는 것은 돈이 나가고 들어오는 것을 정확히 아는 효과는 있지만, 지출 범위를 정하고 통제하는 것에는 아무런 도움이 되지 못한다는 것이었다.

일반적으로 돈 관리라고 하면 '얼마나 가계부를 꼼꼼히 작성하느냐'부터 생각하는데 나의 조언은 다르다. 예산을 통한 통제가 없는 가계부는 금전 출납부의 기능밖에 하지 못한다. 가계부가 필요 없는 것은 아니지만 먼저 주님이 허락하신 급여 안에서 예산을 세우는 게 더 중요하다. 당장 저축을 못한다고 할지라도 매월 급여를 받아쓰고 나면 남는 게 없어도 반드시 예산을 세우고 지출 통장의 예산 범위를 넘지 않도록 자족하고 통제하는 훈련이 필요하다.

3. 예비비와 비정기 지출을 따로 확보한다

매월 고정적으로 들어가는 지출 이외에 예기치 못한 일로 지출하게 되는 경우가 왕왕 발생한다. 그렇게 되면 기껏 시스템으로 잘 구축해 둔 선순환 고리가 자칫 망가질 수 있기 때문에 미리 필요한 돈을 준비해 둘 필요가 있다. 비정기 지출은 예측할 수 있는 지출, 즉 말 그대로 비정기적으로 들어가는 돈을 말한다. 예를 들어 명절, 부모님 생신, 어버이날, 어린이날, 휴가, 경조사비 등이다. 이런 비용을 아예 처음부터 예산으로 잡아 놓으면 나중에 돈이 필요할 때 빚을 낼 필요가 없다.

예비비는 가족이 아프거나 갑작스런 사고 등 예상치 못한 일로 인해 필요한 돈이다. 이 돈 역시 1년 예산 안에서 미리 만들어 둬야 한다. 비정기 지출과 예비비는 따로 통장을 만들어서 관리한다. 이때 통장은 CMA통장으로 하는 것이 좋다. 즉 그때 상황에 맞게 300~500만 원 정도를 비정기 지출 통장에 넣어 두고 사용하면 매월 급여에서 갑자기 빠져나가는 돈이 사라지게 된다.

그렇게 되면 월급날 정해진 돈 안에서 생활이 가능하게 되고 나아가 저축도 할 수 있게 된다. 비정기 지출과 예비비 통장은 여윳돈이 생길 때마다 돈을 넣어서 1년 예산을 채워 넣도록 한다. 첫 해에 안 되면 다음 해, 그다음해 식으로 꾸준히 저축해서라도 만들어 둬야 한다. 저축은 그 다음 순서다. 중요한 것은 빚지지 않는 선순환 시스템을 만들어서 돈 관리를 하는 것이다.

4. 월급을 0원으로 만든다

비정기 지출과 예비비가 만들어지면 이제 월급을 마이너스가 아닌 0원으로 만드는 것이 필요하다. 즉 그 달 월급으로 한 달을 사는 것이다. 이전에는 신용카드를 써서 '후결제 시스템'으로 다음 달의 빚을 만들어 놓았다면 이제부터는 '선결제 시스템'으로 다음 달에 빚을 넘기지 않고 0원으로 만들어 사는 것이다. 물론 남는 돈이 있다면 그것은 저축액이 된다.

우선 급여가 들어오면 보험료와 각종 공과금이 자동이체로 급여통장에서 빠져나간다. 그리고 비정기 지출 통장으로 정해진 돈이 들어간다. 다음 남편 용돈을 위한 체크카드에 돈이 들어가고 아내가 쓰는 식비와 외식비 등 생활비를 정해진 예산 안에서 체크카드로 사용한다. 남는 돈 역시 재무 목표에 맞게 각각의 통장으로 들어간다. 한 달 동안 쓸 돈이 이미 예산을 짜서 정해져 있기 때문에 월급날 통장에 돈이 들어와도 자동이체를 하고 나면 통장 잔고는 0원이 된다.

통장 잔고를 0원으로 만드는 훈련은 돈 걱정 없는 가정 경제에서 가장 좋은 방법이다. 그야말로 정해진 시스템대로 돈을 쓰면 되기 때문에 지출 앞에서 갈등이 사라진다. 매월 버는 돈으로 계획에 맞춰서 한 달을 살아 내는 기쁨은 주님이 주시는 공급 안에서 자족하는 순종의 자세와도 통한다. 이전에는 돈에 쫓기며 부족한 부분에 대해서 불평하고 더 많은 돈을 욕심내며 살았다면 이후부터는 주님이 주시는 것에 만족하고 감사하며 한 달을 평안 속에서 살아 낼 수 있는 것이다.

세상이 감당할 수 없는, 돈 걱정 없는 크리스천

우리 크리스천은 이 세상에 발을 딛고 사는 동안 돈을 숭배하는 맘몬과의 영적 전쟁을 피할 수 없다. 비록 돈이 왕인 세계에 살고 있지만 우리의 신분은 하늘나라 백성이기 때문이다. 하나님은 우리를 성공시키기 위해 존재하시는 분이 아니다. 단지 우리의 문제 해결사로 예수님이 이 세상에 오셔서 십자가에 못 박히셨다면 얼마나 억울한 일인가. 예수님은 우리를 구원하여 영원한 생명을 주시기 위해 오신 분이다. 가장 기본적인 신앙의 핵심에서 흔들리면 아무리 열심히 신앙생활을 해도 모래 위에 집을 짓는 것과 같다.

크리스천으로서 잘 살고 있다고 말하는 사람이라도 중심을 보시는 하나님 앞에서는 부족한 죄인일 수밖에 없다. 은혜 받고 얼마간은 경건한 삶을 사는 듯하다가도 다시금 죄를 짓고 돈의 우상을 좇게 되는 것이 아담의 후예인 우리의 본성이다. 우리는 누구보다 자신에 대해 정확하게 알 필요가 있다. 그래야 잘못된 것을 바로잡을 수 있는 기회를 얻을 수 있기 때문이다. 그러므로 맘몬과 주님을 함께 섬겼던 우리의 모습을 정직하게 인식하는 것은 하나님의 축복이다. 그때부터 진정한 회개가 일어나고 진리이신 하나님을 사랑할 수 있기 때문이다.

자녀 교육, 결혼, 내집마련, 노후 등은 크리스천이 맘몬과 전투를 벌여야 하는 현실의 싸움터다. 많은 크리스천들이 이 고비들에서 넘어지고 시험에 들고 믿음을 배반하기도 한다. 그런데 승리의 비결은 오히려 단순하다. 하나님의 시각으로 이것들을 바라보고 그분께 위탁하는 것이다. 그러면 돈 걱정 없는 크리스천으로 살아갈 수 있다.

우리 두 저자 역시 많은 크리스천과 마찬가지로 돈 걱정 없는 성도로 살아가기 위해 날마다 넘어지고 깨어지는 과정에 있다. 하지만 우리는 내 힘으로는 맘몬과 싸워 이길 수 없다는 사실만큼은 분명하게 알게 되었다. 우리가 할 수 있는 일은 스스로 아무것도 할 수 없는 죄인임을 인정하고 주님이 베푸신 사랑과 은혜에 감격하며 내 힘이 아닌 주님의 힘으로 세상을 이기며 살아가는 것임을 알게 된 것이다. 그리고 이것이 곧 주님이 내 안에, 내가 주님 안에 거하는 삶이며 이것만이 돈에서 자유로워지는 진정한 지름길이라고 믿는다.

마지막으로 재정적인 궁핍함으로 한 달 한 달을 힘겹게 살아가는 지체들에게 주님의 일용할 양식이 끊어지지 않기를 간절히 기도한다. 또한 주님이 재정적인 여유를 허락하신 지체들에게 나의 재물이 주님의 것임을 인정하고 가난한 지체들과 나눌 수 있는 마음을 주시길 기도한다. 하여 하나님 나라가 오늘 우리에게 임했다는 이 말씀을 우리 모두 풍성히 누리기를 간절히 소망한다. 우리의 힘이 아닌 성령님의 힘으로 우리는 세상이 감당할 수 없는, 돈 걱정 없는 크리스천으로 살게 될 것이다.